新时代
北京卷
教育文库

北京市第九中学

教育逐梦 且思且行

林乐光◎著

中国言实出版社

图书在版编目(CIP)数据

北京市第九中学：教育逐梦　且思且行 / 林乐光著.
-- 北京：中国言实出版社，2024.2
（新时代教育文库.北京卷）
ISBN 978-7-5171-4751-0

Ⅰ.①北… Ⅱ.①林… Ⅲ.①中学教育－北京－文集
Ⅳ.①G63-53

中国国家版本馆CIP数据核字（2024）第036059号

教育逐梦　且思且行

责任编辑：王君宁　史会美
责任校对：王建玲

出版发行：中国言实出版社
　　　　　地　　址：北京市朝阳区北苑路180号加利大厦5号楼105室
　　　　　邮　　编：100101
　　　　　编辑部：北京市海淀区花园路6号院B座6层
　　　　　邮　　编：100088
　　　　　电　　话：010-64924853（总编室）　010-64924716（发行部）
　　　　　网　　址：www.zgyscbs.cn　　电子邮箱：zgyscbs@263.net

经　　销：新华书店
印　　刷：北京虎彩文化传播有限公司
版　　次：2024年2月第1版　　2024年2月第1次印刷
规　　格：710毫米×1000毫米　　1/16　　13.75印张
字　　数：220千字

定　　价：89.00元
书　　号：ISBN 978-7-5171-4751-0

本书作者简介

林乐光，男，1971年4月出生。大学本科学历，理学学士。高级教师，民进石景山区工委主委，石景山区第十一届政协常委。曾任北京九中及北京九中分校校长，北京九中教育集团理事长，现任北京市古城中学校长，古城教育集团理事长。多次被评为北京市以及石景山区骨干教师、先进教育工作者。

曾主持北京市"十四五"教育规划专项课题"集团化办学背景下'双师课堂'探索与实践研究"。参与国家可持续发展教育实验区项目，成果《开展可持续教学模式实验，培养学生可持续学习能力》获优秀论文一等奖，并荣获中国可持续发展教育（ESD）项目开拓者奖。在《北京教育》《现代教育报》《北京高中教育研究》《北京教育学院学报》《德育报》《希望教育》《北京考试报》《北京晨报》《石景山报》等报纸杂志上发表多篇教育教学管理研究论文、案例。

文库编委会

总　序

　　党的二十大报告中指出，"高质量发展是全面建设社会主义现代化国家的首要任务"、"教育、科技、人才是全面建设社会主义现代化国家的基础性、战略性支撑。必须坚持科技是第一生产力、人才是第一资源、创新是第一动力，深入实施科教兴国战略、人才强国战略、创新驱动发展战略，开辟发展新领域新赛道，不断塑造发展新动能新优势"。为深刻领会以习近平同志为核心的党中央作出这一战略部署的深义和赋予教育的新使命新任务，加快建设教育强国，加快推进教育高质量发展，展示新时代我国基础教育的发展变革和取得的重大成就，中国言实出版社策划、出版了"新时代教育文库"丛书。

　　进入新时代以来，教育系统全面贯彻党的教育方针，落实立德树人根本任务，培养德智体美劳全面发展的社会主义建设者和接班人；促进教育公平、提升教育质量，加快推进教育现代化，办好人民满意的教育。教育的中国特色更加鲜明，教育面貌正在发生格局性变化。新时代以来，我国教育普及水平实现了历史性跨越，更好地保障了人民受教育的机会；教育服务能力稳步提升，为国家重大战略实施和经济社会发展提供了强大的人才和智力支撑；教育改革开放持续深化，服务全民终身学习的教育体系进一步完善。"新时代教育文库"丛书记录了、见证了基础教育事业的发展变革，对研究我国基础教育具有一定的史料价值。

　　本丛书选题视野开阔，立意深远。丛书以地区分卷，入选学校办学特色鲜明、教学教研成果突出，既收录了办学者、管理者高水平的理论研究创新成果，也收录了一线教师对课堂教学的真实感悟案例，收录了一线管理者的成功经验总结，这些，对基础教育工作者、研究者具有一定的参考价值。

是为序。

著名教育家，中国教育学会名誉会长、北京师范大学资深教授

2022 年 12 月

与时代同频，与美好共行

我于 1993 年 7 月毕业于华东师范大学后就来到北京，就职于北京九中，在这里潜心耕耘了十一年，从数学教师成长为重点中学的数学教研组长。2004 年 7 月调入北京教育学院石景山分院担任数学教研员，后又兼任基教研中心副主任。2009 年 7 月，组织安排我回到北京九中担任副校长，2013 年 9 月接任校长。十年校长生涯，在九中持续践行"全人教育"理念，不断开拓创新，培养全面发展的未来人才。2023 年 8 月，我调任北京市古城中学校长，自此与九中依依挥别。

从业三十年，我在九中工作了二十五年，确实和九中有着深厚的缘分。我在这里成长，在这里历练，在这里奋斗，在这里收获。担任九中校长的这十年，我和老师们一起，且思且行，不断逐梦，留下了很多奋斗的痕迹，留下了很多探索的足迹。九中的校训墙、大台阶，九中的浸濡亭、拓荒亭，九中的实验楼、文体楼，九中的体育馆、大操场，九中的每一间教室、每一个办公室，都给了我无比亲切的感受；九中的体育特长生、金帆舞蹈特长生、内高班的新疆学生，九中的每一位学生，都给我留下了十分美好的记忆。这里的一切，都值得自豪，值得留恋。

从 2013 年到 2023 年这十年来，九中坚持"全人教育"理念，面向全体、全面发展、尊重个性，潜心培养勇于负责、善于学习的现代公民。九中提倡校园内充满朗朗的书声、朗朗的歌声、朗朗的笑声，鼓励学生砺身砺志、博爱博学，全面关照学业成绩、艺术素养和心理健康。九中倡导"立意有高度、思维有深度、活动有热度"的三度课堂，以学生为中心，关注学生的实际获得，培养热爱学习、终身学习的建设者和接班人。九中人始终以"九中精神"为追求目标，那就是：博学向上，肩负国家使命，做有抱负的人；博爱向善，承担社会责任，做有担当的人；博雅向美，追求人生幸福，做有品位的人。

无论是学校文化，还是育人理念；无论是课程建设，还是课堂实践；无论是学生成长，还是教师发展；无论是内部管理，还是家校关系，九中都始终走在前列。九中的金帆舞蹈团、田径运动队，九中的特级教师工作室、鸿鹄班，九中的民族团结进步品牌，九中的雏鹰议事厅，九中的一体化德育，九中的艺术体操、啦啦操，以及九中教育集团……九中始终秉持优良传统，始终勇立时代潮头。九中的品牌越来越清晰，越来越耀眼。

时代的洪流滚滚向前，变革的浪潮一浪高过一浪。在学校，唯有倾心营造美好的环境，守住一方净土，与时代同频，与美好共行，才算是教育人对教育的答卷，对时代的回应。

我把十年来的一些文字攒在这本书里，也算是对过去十年的一个交代。在书里，有时间的记忆，有成长的艰辛，有收获的快乐，有未来的期待。成书不易，需要感谢的人很多，不一一列举，在此一并致谢！

林乐光

2024 年 1 月

目 录

教师发展·引路明灯

全面育人·适应未来

课程改革·勇立潮头

家校协同·共促教育

学习感悟·砥砺前行

教育观念·领航方向

坚持"全人教育"，实现全面育人

　　党的十八大以来，基础教育以立德树人为根本任务，强调"育人为本，德育为先"，关注"培养什么人，怎样培养人，为谁培养人"这一根本问题，开展了一系列的实践探索。北京九中深入领会全国教育大会、北京市教育大会和石景山区教育大会精神，坚持"全人教育"理念，开展了以理想信念教育、社会主义核心价值观教育、中华优秀传统文化教育、生态文明教育和心理健康教育为主要内容的系列教育活动，坚持全员全程全方位育人，努力培养德智体美劳全面发展的社会主义建设者和接班人。

一、全员育人，重在师表

　　在九中校园，教职员工的岗位不同、分工不同，而育人的职责都是相同的。每个人在校园内外展现出来的积极向上、敬业爱岗的精神风貌，都在潜移默化地影响着学生的心灵，都在以不同的方式教育学生尊重劳动，都在共同营造着校园的育人氛围。

　　清晨，当学生走入校门时，他们能看到保安师傅们和值班老师在校门口维持秩序，守护着校园的安宁；当学生走进楼道时，他们能看到保洁师傅们清扫校园，清洁楼道；当学生走进教室时，他们能看到班主任老师在准备晨检、任课教师在准备早课。课间，学生们能看到德育处老师在楼道巡视，工人师傅们在检修设备。中午，学生们在餐厅享受美味，他们能看到食堂工作人员忙碌的身影，能看到为让他们吃到安全、营养、可口的饭菜而默默奉献的劳动者。这些普通岗位的工作人员，正以他们朴实的敬业精神和职业水准，教育学生们每个社会角色都是国家的主人，都有责任有义务做好本职工作，为国家富强和社会进步贡献自己的力量。

课堂上，学生们能看到老师的精彩讲解、循循善诱，能看到老师们深厚的学术功底、细致的课堂准备，能看到老师们在知识传授中注重能力培养、在方法训练中注重观念养成。课下，学生们能看到老师们在精心备课、耐心辅导，能看到老师们在认真批改作业、积极准备实验，能看到老师们在钻研教材、在集体教研。

无论是一线教师还是其他工作人员，无论是班主任还是任课教师，九中的所有教职员工，都是学校的教育者，都秉持教书育人的理念，为人师表，默默履行着全员育人的光荣职责。

二、全程育人，重在系统

从学生进入九中校门到毕业，从每个学期开学到结束，从双休日到寒暑假，学校都精心安排思想教育，并贯穿始终。

入学教育，主要通过校史教育、地域文化教育、行为习惯和学习习惯教育，使学生明确作为一名九中学生的荣誉感和使命感，建立正确的价值观念，树立远大的理想。

开学第一课，通过每个学期的开学典礼，以理想信念、家国情怀、责任担当等为主题，使学生受到系统的爱国主义教育、革命理想教育，传承红色基因，学好建设本领。

成人仪式和毕业教育，通过富有仪式感和庄重感的活动，使学生的公民意识、责任意识得到强化，为国家为民族做贡献的使命感、为人民为社会而奋斗的责任感、为荣誉为未来而努力的幸福感得到充分激发，祖国的建设者和接班人的意识得到有效唤醒。

我们抓实抓细日常的教育活动，如每周的升旗仪式、国旗下的讲话，每周的班队会活动，节假日期间的志愿服务，重要节日和重大纪念日主题活动，我们都开展了行之有效的教育，努力实现全程育人。

北京九中建立了较为系统的全程育人体系，充分挖掘各种教育资源，教育和引导学生热爱中国共产党、热爱祖国、热爱人民，拥护中国特色社会主义道路，弘扬民族精神，增强民族自尊心、自信心和自豪感，增强公民意识、社会责任感和民主法治观念，学习运用马克思主义基本观点和方法观察问题、分析问题和解决问题，学会正确选择人生发展道路的相关知识，具备自主、自立、自强的态度和能力，初步形成正确的世界观、人生观和价值观。

三、全方位育人，重在细节

全方位育人，就是充分利用学校的文化、制度、环境，采取不同的策略、方式、途径，整体规划，细化落实，从而实现育人目的。

九中坚持"全人教育"理念，弘扬"博学向上、博爱向善、博雅向美"的九中精神，倡导校园内充满书声、歌声和笑声，提倡厚重不失现代的学校文化、宽松不失精细的管理文化、严谨不失人文的制度文化、全面不失专长的学生文化、奉献不失提升的教师文化、自主不失引领的课堂文化，以文化引领育人。

九中建立了完善的制度，保障学生在校园内安全健康快乐地成长。学校坚持以学生为中心、以质量为中心、以课堂为中心，围绕学校的章程，结合课程管理制度、课堂教学制度、教师发展制度、学生管理制度、各类安全制度、奖励激励制度、追责问责制度等制度建设和实施过程中的管理育人、服务育人，建立"严谨、完善、人本"的制度体系，以制度保障育人。

课堂是育人的主渠道，学校提倡课堂立意有高度、课堂思维有深度、课堂活动有热度，营造民主和谐、尊重差异、充满激情、相观而善、张扬个性的课堂。学校的校史馆、图书馆、实验室、专业教室、廊道、体育馆、操场，也是育人的重要场所，学校的校刊、网站、公众号、电视台、广播社也承载着育人的重要使命，学校的宿舍、食堂、办公室、厕所、橱窗、展板、树木、绿地，也都是育人的重要载体。九中着力建设平安校园、生态校园、智慧校园，以环境滋润育人。

四、五育并举，成果丰硕

近几年来，北京九中的知名度、美誉度和满意度稳步提升。九中注重德智体美劳全面发展，五育并举，成绩斐然。学校在生涯教育、科技、体育、艺术等方面特色更为突出，高品质的特色教育促进了高品位的学校品牌提升。

在德育方面，九中的德育课程体系完整，核心价值观教育、学生社团活动、领导力培养、传统文化传承等方面成绩卓著，得到了社会各界的一致好评。九中的模联社团已经成为知名品牌、九中辩论队连续两年荣获石景山区"少年说"辩论赛冠军、学校代表队在2019年北京市中小学生冬奥知识竞赛中荣获冠军，等等，这些成绩的取得，都是和学校着力于学生的全面发展分不开的。

在智育方面，九中的高中招生，每年拿出近50%的名额分配到各初中校，让石景山区更多的学生得到了优质的教育资源，更多的家庭享受到了改革的红利。在这种情况下，九中的高考质量不降反升，全校高考600分以上人数、一本上线率、总平均分等都取得了新的突破。初中部对口接收两所小学的学生，带动了集团校的整体发展。中考高分段学生我校所占比例领先，单科成绩突出，整体水平稳居全区前列。九中学生的学习水平、学业成绩、学科竞赛能力，广受赞誉。

在体育方面，九中是国家级体育传统项目学校，成立北京学生金奥运动队。九中还是全国篮球示范校，足球示范校，冰雪运动项目示范校。学校的高水平运动队屡屡斩获全国比赛金银铜牌，艺术体操队包揽全国及北京市同级别比赛金牌。足球、篮球、定向越野等体育项目在市区级比赛中屡获佳绩。在过去的一年里实现了人人上冰，在北京市第三届中小学生冬季运动会上取得冰壶投壶比赛的冠、亚军，为冬奥项目的普及做出了应有的贡献。

在美育方面，九中是全国学校艺术教育工作先进单位、全国十佳影响力艺术教育名校。学校金帆舞蹈团声名远播，多次参加国内展演、国际交流与外事活动，连续多年在北京市中小学生艺术节获金奖。2018年9月和

12月，分别在人民大会堂参加中非峰会的开幕式欢迎演出和纪念改革开放四十周年专场演出。在金帆舞蹈团的引领下，学校的艺术教育呈现蓬勃向上的态势，校园合唱团、校园集体舞、民族特色舞蹈，连续多年获北京市大奖。校园电视台、摄影社、京剧社、音乐社等艺术类社团活动百花齐放，呈现出一片欣欣向荣的局面。

在劳动教育方面，九中倡导的学生生活实践类作业，关注学生假期的劳动意识的培养，树立劳动最光荣、劳动最崇高、劳动最伟大、劳动最美丽的观念，其经验已推广到全区所有的中小学。九中初中部每年组织的学农活动，学生都能得到劳动的深度体验和现代农业科技的鲜活教育。高中部注重创新劳动，学生在青少年创客奥斯卡比赛中斩获金、银、铜牌；在"登峰杯"全国中学生科技创新大赛机器人竞赛中获奖；鲁雨寒、安霄航同学设计的挂式书架获得国家知识产权局颁发的外观设计专利证书。

在生涯教育方面，我们注重面向未来的教育，关注学生的未来成长，注重学生的生涯规划，鼓励学生进行职业体验。学校每年组织部分学生走进央视、腾讯、阿里巴巴、微软、海尔、宝马、小米等知名企事业单位，从中感受企业文化和时代责任。我们鼓励学生站在终点、规划当下，牢记责任，不断追梦！

教育兴则国家兴、教育强则国家强，教育对于提高人民综合素质、促进人的全面发展、增强中华民族创新创造活力、实现中华民族伟大复兴具有决定性意义。北京九中坚持"全人教育"，实现全面育人，培养有抱负、有担当、有品位的现代公民，这是我们的历史使命，也是我们的时代重任。

树全人理念，育现代公民

北京九中于1946年建校，1978年被确定为市重点中学，2003年被认定为北京市高中示范校。70多年以来，九中形成了自己的办学优势与特色：历史悠久，环境一流，文、体、科技特色突出，教师队伍精良，教学质量上乘。

北京九中的办学指导思想是"全人教育"，"全人教育"首先是人之为人的教育，其次是传授知识的教育，最后是和谐发展心智，以形成健全人格的教育。九中以"树立民主意识，建立和谐团队，倡导自主发展"为原则，努力实现各种资源的整合，尊重个性、尊重多元，培养整体发展、身心俱健的全人。学校的育人目标是"关注健康、尊重个性，培养勇于负责、善于学习的现代公民"。

现代公民的培养，需要学校以丰富的课程来实现。

一、以社会责任感课程培养有担当的现代公民

现代公民要适应数字化生存，要有高尚的信息道德、娴熟的信息理解与分析能力、积极的信息共享与交流合作能力、主动运用信息技术解决问题的意识与能力、数字化思考实现创造与创新的能力等。通过信息素养课程，培养"数字公民"，这是现代公民的核心特征。

在信息素养中，信息道德是至关重要的。信息道德包括信息道德的主观方面和信息道德的客观方面。前者指人类个体在信息活动中以心理活动形式表现出来的道德观念、情感、行为和品质，如对信息劳动的价值认

同，对非法窃取他人信息成果的鄙视等，即个人信息道德；后者指社会信息活动中人与人之间的关系以及反映这种关系的行为准则与规范，如扬善抑恶、权利义务、契约精神等，即社会信息道德。

责任感课程还包括日常行为规范课程、生命教育课程、生涯规划课程等。笔者认为，作为一个现代公民，必须对自己负责、对他人负责、对环境负责。通过这些课程的学习，增强学生的责任感，这一点与校训中的"砺志""博爱"是契合的。

我们期待北京九中的学生，都是有胆识、有担当的现代公民。

二、以持久学习力课程培养有抱负的现代公民

现代公民的竞争力来自学习力，持久学习力的培养，是九中的特色，与九中校标中的"9"的含义之一——"久"是一致的。善于学习的现代公民，尤其要关注持久学习力的提升，这是未来持续竞争力的基础。

作为现代公民，要有领袖风范。通过模拟联合国课程、社团组织课程、创新人才培养课程等领导力课程的学习，学生成为自信、正直、进取、开放的创新人才，他们将有望成为各行各业的领导者，成为未来世界的领导者，带领中华民族实现伟大复兴。

对中国传统文化的理解与尊重，是现代公民的内在气质。九中通过"国内游学"，加深学生对中华文化的了解；通过"京西古道文化"课程，促进学生对家乡、社区的热爱；通过"传统节日进校园"活动，增强民族文化的自豪感和责任感。

现代公民将是世界公民，他们与世界的距离是如此之近。他们要心怀祖国，放眼世界。既要尊重和理解国外的优秀文化，也要弘扬和传播中国的传统文化。九中通过"国际游学"课程，培养学生的国际视野，增进文化交流。

我们坚信北京九中的学生，都是有能力、有抱负的现代公民。

三、以审美兼健康课程培养有品位的现代公民

现代公民既要有强健的体魄，又要有强大的心理。既要有每天锻炼一

小时的习惯，也要有至少一项能伴随终身的体育特长。作为现代公民，要能适应学习、生活、交往中的各种压力，有积极向上的心态和自我调节心理的能力，同时要有努力为祖国健康工作五十年的情怀。

现代公民既要有高尚的审美情操，又要有健康的审美情趣。不仅要能理解美，欣赏美，还要能发现美，创造美。通过审美课程，实现科学求真求美，人文求善求美，艺术求新求美，同时发挥北京九中金帆舞蹈团等的优势，尊重学生个性发展。

我们自豪北京九中的学生，都是有志趣、有品位的现代公民。

通过丰富的课程建设与实施，突出北京九中的特色，关注学生的身心健康，尊重学生的自主选择，真正培养勇于负责、善于学习的现代公民，实现"培养身心健康、人格健全、学有所长、和谐发展的全人"的宗旨。

勿只言成功，更应求成长

有一则关于竹子的故事，说的是竹子在前三四年基本上处于扎根的状态，总共就生长了 3 厘米左右，而后每天以 30 厘米的速度成长，很快就能长到 15 米以上。这则故事告诉我们很多道理，苏轼说，"博观而约取，厚积而薄发"，恐怕也有类似的意思吧。

大自然有其自身的规律，万物运行也皆如此。如今的社会，却有着不一样的逻辑和风潮。我们总是希望一件事情尽快做成，尽量以最少的投入获取最大的回报。工业在追求劳动生产率，商业在追求流通利润率，投资在追求资金回报率，就连教育也在追求学生成才率。

追求高速发展本身并没有错，但一定要遵从规律，决不能揠苗助长，更不能涸泽而渔。近年来，虽然教育成果显著，但逐渐趋于功利和浮躁。无论是社会的评价和行政部门的管理，还是学校的培养，抑或是家长的观念，无不如是。教育已然是"潮流兴，多花款"。

诸葛亮说："夫君子之行，静以修身，俭以养德。非淡泊无以明志，非宁静无以致远。夫学须静也，才须学也，非学无以广才，非志无以成学。淫慢则不能励精，险躁则不能治性。"教育要让人慢下来，教育要让心静下来，教育要让情感更丰实，要让心态更平和，要让思想更自由，要让目光更长远。教育不能只着眼于成功，更要着力于成长；教育不能急功近利，要静待花开。

作为学生，更应该关注自身的成长。在学业上，要读"六经"、习"六艺"，在《诗》《书》《礼》《易》《乐》《春秋》中品味经典，在礼、乐、射、御、书、数中收获技艺。在境界上，既能立身于市井，操持眼前的苟且；也要立足于长远，欣赏诗和远方。在品德上，达则兼济天下，立君子品，有悲悯之心，不仗势欺人；穷则独善其身，读圣贤书，有鸿鹄之志，不妄自菲薄。在思想上，要为天地立心，为生民立命，为往圣继绝学，为万世开太平。故而能在学业上追求大智慧，在境界上追求大视野，在品德上追求大格局，在思想上追求大情怀。

生命成长需要积淀，需要时时刻刻的滋养，更需要脚踏实地，一步一个脚印地积累。荀子言："积土成山，风雨兴焉；积水成渊，蛟龙生焉；积善成德，而神明自得，圣心备焉。故不积跬步，无以至千里；不积小流，无以成江海。骐骥一跃，不能十步；驽马十驾，功在不舍。锲而舍之，朽木不折；锲而不舍，金石可镂。"学问之道，博学之，审问之，慎思之，明辨之，笃行之，必有大成。

三声校园：让校园充满书声、笑声和歌声

北京九中以"全人教育"作为办学指导思想，弘扬"博学向上、博爱向善、博雅向美"的九中精神，发展学生的人文底蕴、科学精神、学会学习、健康生活、责任担当、实践创新六大核心素养，培养有抱负、有担当、有品位的现代公民。学校文化的核心是学生的全面发展，校园里应该充满学生欢乐的书声、欢喜的笑声和欢快的歌声！

一、欢乐书声溢满园

学生在学校里最重要的任务，就是学习科学文化知识。"清晨来到树下读书"，那晨曦下学生专注读书的剪影，是校园最温馨的一幕，也是学生记忆最深刻的美好瞬间。然而，曾几何时，最应该充满欢乐书声的校园，却没有了学子的读书身影。为了营造校园读书的氛围，我们新建了文化长廊，长廊两边是一排排的木制座椅；我们改造了绿色走廊，在水泥凳子上铺设了实木，更适宜孩子们随时坐下；我们在校园的古树下也铺设了木围栏，四周都是木椅，方便学生们坐下读书和休息；还有，我们给每位学生配备了松软舒适的垫子，方便携带，使他们随时在操场、看台、路边坐下读书。

同时，我们开展各种活动，鼓励学生们读书。我们开展经典诵读活动，让经典伴随他们成长；我们开设校园开放图书角，营造孩子们认真学习的"三味书屋"；我们举行各种读书比赛，鼓励学生走近经典。我们知道，充满朗朗书声的校园，便是充满生机与活力的学园，便是学生身心成

长的乐园，便是教师呵护、家长信任的家园。

二、欢喜笑声环校园

学生的身心健康是九中育人目标的重要内容。现阶段，在各种压力不断增加的前提下，如何让学生们通过各种活动放松身心，是我们面临的一个重要课题。近几年来，个别学生因为心理问题导致厌学、抑郁，他们有的感觉学业负担过重，不堪承受考试压力；有的处理不好人际关系，害怕和老师、同学们相处；有的青春期焦虑，情感焦虑，对一切事情缺乏兴趣；还有的沉溺于虚拟空间、网络游戏，注意力不能持久集中。目前学校就有 7 名学生因此休学，虽然占的比例不算太高，但是对这些家庭来说，不亚于一场灾难。

近几年来，九中着力疏导学生的心理，努力营造阳光向上的校园氛围，让每个孩子都能有积极向上的健康心态。同时，搭建各种成长平台，为学生提供更多的活动和展示机会，让他们发挥优势，自主发展。学校还开设多种选修课，提供更多选择性的课程，发挥学生的个性特长，鼓励他们个性发展。此外，学校鼓励学生自主建立社团，通过丰富多彩的活动，让学生们在活动中感受乐趣，在活动中获得成功，让校园里充满学生欢喜的笑声。

三、欢快歌声悦全校

学校的艺术氛围，也是学校文化的重要组成部分。九中的艺术教育名扬京城，如金帆舞蹈团成立 30 年来，舞蹈精灵们为学校赢得了数不清的荣誉。近年来成立的校园合唱团，唱出了学生的青春、唱出了学生的欢乐，也唱出了学生的自信。合唱团的别样"快闪"为学校送上浓浓的生日祝福，给大家留下了深刻的印象。学校与中国戏曲学院合作的"国戏班"，不到 3 年时间，学生们从几乎零基础，到现在的唱念做打，已经有模有样，国戏班也已经成为九中的品牌了。

加强学生的艺术教育，提高学生的艺术素养，让校园充满欢快的歌声，已经成为我们的共识。校园集体舞、校园电视台、校园"热岛乐队"、音乐小镇，各种艺术形式、艺术小团队不断涌现，组成了九中艺术教育百花齐放的美好局面。"倾听花开的声音""品味吐蕊的芬芳"，连续两届的校园主题摄影大赛，也为学校的艺术教育添上了浓浓的墨彩。可以说，学生们陶醉在艺术的氛围中，校园里充满了欢快的歌声。

校园是学生的，校园应该还给学生。学生在校园里认真读书，学习知识；学生在校园里发展身心，锤炼品格；学生在校园里感受艺术，陶冶情操。学校要努力营造学生健康成长的舞台，让校园充满欢乐的书声，让校园充满欢喜的笑声，让校园充满欢快的歌声。

携手共同发展，促进效率与公平

为了促进教育均衡，缓解择校热，石景山教委于2010年建立九中教育集团。此前对区域教育现状，以及外地先进经验进行了充分调研。目前集团成员学校共8所：1所高中——九中，3所初中——九中初中部、佳汇中学、石景山中学，4所小学——金顶街二小、金顶街四小、石景山小学、北辛安小学。8所学校毗邻，同属金顶街街道辖区。集团总占地面积18万平方米，建筑面积10万平方米，教职工700人，学生6000余人。在生源输送关系上，3所初中各接收指定的1或2所小学毕业生。九中高中部作为优质学校，在集团内处于领衔地位，进行品牌输出，带动其他集团成员学校共同发展、多元发展。从小学一年级到高中三年级，集团课程整体开发，实现资源配置的优化，打造人才培养的纵向链条。

回顾近年来的集团化办学历史，九中教育集团取得以下主要成果。

第一，切实带动了周边学校的发展，受到上级部门、家长和社会的广泛认可。集团化办学减少了包括跨片流动和跨区流动在内的择校，对缓解诸如交通拥堵等城市病做出了贡献。集团建立伊始，下属中小学对口生源就近入学率就提升至95%，更多百姓得以在家门口享受优质的基础教育。集团建立以来，区四套班子成员均对集团情况进行调研，并给予较高的评价。区教委将九中教育集团作为先期试点，将九中的成功经验推广到全区。全区依托7所高中和1所优质初中，建立覆盖全区基础教育的8个教育集团。

第二，跨学段衔接的课程和教学改革初显成效。无论在小、初、高学科教学的垂直整合方面，还是在创新人才培养、综合实践活动、体育和艺术教育等方面,不同学段间的携手,更有利于教育科学研究的开展,有利于建构起人才成长的纵向通道,有利于在促进学校内涵发展的同时惠及广大学子。

第三,软硬件资源共享,进一步盘活了区域教育资源。管理理念、人力资源、硬件资源的互通有无,形成了互补机制和规模优势。可以说九中在相关政策的支持下,在帮助其他学校发展的同时,抓住了全新的发展机遇,进一步扩大了老牌市重点的品牌影响力。

接下来,以九中教育集团为例,谈谈集团化办学的意义、管理文化和工作推动策略等。

一、集团化办学的意义——公平、效率

教育公平主要指让百姓享受均等化的教育服务,也包括让学生公平地享受到适宜的教育;教育的效率主要指更快、更大面积地提高教育质量。

教育,尤其是义务教育的均衡化发展,是民生大计。集团化办学通过促进周边学校共同发展,努力为百姓提供均等化的教育服务,也为优质均衡这一目标的实现提供了动力和希望。九中教育集团5年来的办学实践证明,集团化办学提高了优质教育资源的总量,扩大了优质教育资源的覆盖面。

与此同时,集团化办学,并不意味着将集团内的优质教育资源稀释,优质的均衡不是"掐尖",而是使集团内的优质学校(暂且称为核心学校)在充分发挥辐射作用的同时,向新的高度攀升。在集团化办学的进程中,集团核心学校的收获包括以下几点:一是扩大了品牌学校的影响力;二是通过生源输送关系的建立,减少本地区的生源的外流;三是便于开展小、初、高纵向衔接的课程与教学改革。集团核心学校,在带动其他学校共同发展的同时,也实现了自我的提升。

因此,推行集团化办学,兼顾了教育的均衡与效率两个维度,是全面提高教育质量的良策。

二、集团化办学的管理文化——协作、尊重

（一）管理体制——集团理事会下的校际协作

集团《章程》规定：九中教育集团是在石景山区教育委员会领导下，发挥九中的示范辐射作用的学校发展协作共同体。

"协作"二字意味着集团内不同的学校，具有不同的法定代表人。这种松散的组织，如何正常运转？一是集团章程及一系列配套制度，对管理体制和协商机制的固化。二是行政领导兼任理事长制，即区教育行政部门委派主管领导兼任集团理事会会长，既方便协调指挥，又彰显教育主管部门推行集团化办学的力度，理事会副理事长由九中校长兼任，保证九中在集团中的领衔地位。三是邀请市区专家组成集团智库，作为项目的技术支持。四是政策和资金的支持，区财政每年下拨数十万元专款用于九中教育集团，对于公办小学生升入集团内民办初中，其学费实行政府购买。

（二）学校文化——尊重

集团建立伊始，大家担心一个问题：学校文化会被雷同，还是会被尊重？九中教育集团管理者认为：每一所学校都有其发展历史、周边环境和业已形成的办学特色，这种学校文化是为学校管理者、教师和学生所认同的。集团化发展要考虑如何处理学校文化认同与否这一问题。

集团"协作共同体"意味着集团理事会不干预学校内部管理，使得单体学校的文化得以保存和激发。九中教育集团不仅支持各成员校强化原有特色，各校的优秀文化也成为整个集团文化的有机组成部分，实现了学校共性与个性的有机结合。不仅如此，为支持成员学校文化建设，集团还创设条件聘请专家为学校梳理学校文化，提升办学品位。

自然界有生物的多样性，教育界有学校文化的多样性，集团内校际有机联系使不同的学校文化构成教育生态，受教育者在教育生态环境中汲取养分。仅以各学校的特色课程为例，金顶街二小的花绳课程、金顶街四小的书法课程、九中初中部的武术课程、佳汇中学的钟文化课程、石景山中学的科技课程，都在对口学校得以延伸，目的是保持教育的延续性。比如，一个喜爱书法的学生在金四小学习了书法课程，他升学到佳汇中学，

佳汇中学也为他安排了书法课程。如果缺失了这种衔接，家长可能会花钱占用孩子的休息时间在社会上为他继续报书法班。

三、集团化办学的实施路径——项目推动

在保护成员学校原有文化的前提下，如何提升集团学校的品质？九中教育集团认为，项目推动是全面提升办学水平的有效路径。

在课程与教学方面，九中教育集团正在开展的合作项目有"学科课程的垂直整合""作业有效性研究""集团诵读课""社会大课堂整合""雏鹰建言行动"。文体方面，九中教育集团致力于"阳光体育""艺术展演""大课堂长跑改进"等项目。每次大型活动，都邀请市区专家把脉，邀请全区相关同行参加，在提高品质、固化成果的同时，发挥了示范辐射作用。

在人力资源上，"名师工作室"的建立，使名师在集团范围内分享教育智慧。"集团大讲堂"使众多教师得以享受优质的校本培训，九中教育集团邀请杨院长在九中教育集团大讲堂上做了主题为"回归本真，理解课程"的讲座；开心妈妈屈开老师应邀为集团教师群体进行教职心态方面的讲座。而丰富多彩的校本课程，离不开各科有"绝活"的教师，集团成员校间的师资共享，使学生课程选择面更宽了。集团"师德师风"项目由各校书记相互协作，共同探讨什么是具有九中教育集团特色的教师风范。

硬件资源方面，九中游泳馆为接待数千名集团学子，正在抓紧改造，让每名学生学会游泳是集团体育工作的一项目标。春节期间，佳汇中学的数字影院成了九中新疆部学生的好去处。

与此同时，九中教育集团还有尚待改进的空间。今后，我们将探索如何吸纳家长、社区和师生的意见，探索如何将改革成果惠及每个学科和每名师生。

以高品质教育擦亮学校金字招牌

北京市第九中学坐落于京西古道，是一所布局合理、设施先进的花园式学校，办学历史悠久、办学底蕴深厚、教学质量一流，在社会上享有很高声誉。九中成立于1946年，1962年、1978年，学校两次被评为北京市重点中学；2002年，学校被评为北京市高中示范校。2010年5月，九中教育集团成立，形成了从小学到高中的教育链，打破了学制壁垒，扩大了优质教育资源的覆盖面，使名校逐渐形成优质教育的良性循环，九中的优质品牌、特色教育发展跨上了一个新台阶。同年9月，九中承办"内地新疆高中班"，设立新疆部，为民族团结和民族学生教育做出了应有的贡献。

一直以来，九中追求高品质的教育，关注学生的全面发展，尊重学生的个性发展，始终坚守教育本心，坚持社会主义办学方向，弘扬社会主义核心价值观，立德树人，取得了令人瞩目的成绩。

一、凝聚高品格的学校文化

近几年来，九中更加重视学校文化建设，坚持以学生为中心、以质量为中心、以课堂为中心，坚持德智体美劳五育并举，关注学生的全面发展。

学校以"全人教育"为指导，面向全体，提供丰富的课程资源，关注学生的发展基础，提供更多的成长渠道；全面发展，关注学生的核心素养，在文化基础、自主发展、社会参与等方面提供平台；尊重个性，突出特色，给更多的特长学生搭建成才通道。

学校以"砺身、砺志、博爱、博学"为校训，鼓励学生拥有健康的体魄和心理，拥有坚定的志向和理想，拥有博爱的情怀和胸襟，拥有渊博的学识和才能。

学校以"三声校园"为特色，倡导校园内充满书声：学生在校园里认真读书，学习知识；倡导校园内充满笑声：学生在校园里发展身心，锤炼品格；倡导校园内充满歌声：学生在校园里感受艺术，陶冶情操。

九中精神得以凝聚和彰显：博学向上，肩负国家使命，做有抱负的人；博爱向善，承担社会责任，做有担当的人；博雅向美，追求人生幸福，做有品位的人。

深厚的历史积淀，形成了九中独有的文化特质：厚重不失现代的学校文化，宽松不失精细的管理文化，严谨不失人文的制度文化，奉献不失提升的教师文化，全面不失专长的学生文化，自主不失引领的课堂文化。

二、锻造高品位的育人品牌

近几年来，北京九中的知名度、美誉度和满意度稳步提升。九中注重德智体美劳全面发展，五育并举，多年来成绩斐然。学校在生涯教育、科技、体育、艺术等方面特色更为突出，高品质的特色教育促进了高品位的育人品牌提升。

在生涯教育方面，九中注重面向未来的教育，关注学生未来的成长，注重学生的生涯规划，鼓励学生进行职业体验。学校每年组织部分学生走进央视、腾讯、阿里巴巴、微软、海尔、宝马、小米等知名企事业单位，从中感受企业文化和时代责任。我们鼓励学生站在终点、规划当下，牢记责任，不断追梦！

在德育方面，九中的德育课程体系完整，核心价值观教育、学生社团活动、领导力培养、传统文化传承等方面成绩卓著，得到了社会各界的一致好评。九中的模联社团已经成为知名品牌、九中辩论队连续两年荣获石景山区"少年说"辩论赛冠军、学校代表队在 2019 年北京市中小学生冬奥知识竞赛中荣获冠军，等等，这些成绩的取得，都是和学校着力于学生的全面发展分不开的。

在智育方面，九中的高中招生，每年拿出近50%的名额分配到各初中校，让石景山区更多的学生得到了优质的教育资源，更多的家庭享受到了改革的红利。在这种情况下，九中的高考质量不降反升，全校高考600分以上人数、一本上线率、总平均分等都取得了新的突破。初中部对口接收两所小学的学生，带动了集团校的整体发展。中考高分段学生我校所占比例领先，单科成绩突出，整体水平稳居全区前列。九中学生的学习水平、学业成绩、学科竞赛能力，广受赞誉。

在体育方面，九中是国家级体育传统项目学校，成立北京学生金奥运动队。九中还是全国篮球示范校，足球示范校，冰雪运动项目示范校。学校的高水平运动队屡屡斩获全国比赛金银铜牌，艺术体操队包揽全国及北京市同级别比赛金牌。足球、篮球、定向越野等体育项目在市区级比赛中屡获佳绩。九中学生最先实现了人人上冰，在北京市中小学生冬季运动会上取得冰壶投壶比赛的冠、亚军，为冬奥项目的普及做出了应有的贡献。

在美育方面，九中是全国学校艺术教育工作先进单位、全国十佳影响力艺术教育名校。学校金帆舞蹈团声名远播，多次参加国内展演、国际交流与外事活动，连续多年在北京市中小学生艺术节获金奖。2018年12月，金帆舞蹈团在人民大会堂参加纪念改革开放四十周年专场演出；2019年10月1日晚，金帆舞蹈团在天安门广场参加新中国成立70周年联欢活动；2022年2月，金帆舞蹈团参加北京冬奥会的开幕式演出。在金帆舞蹈团的引领下，学校的艺术教育呈现蓬勃向上的态势，校园合唱团、校园集体舞、民族特色舞蹈连续多年获北京市大奖。校园电视台、摄影社、京剧社、音乐社等艺术类社团活动百花齐放，呈现出一片欣欣向荣的局面。

在劳动教育方面，九中倡导的学生生活实践类作业，关注学生假期的劳动意识的培养，树立劳动最光荣、劳动最崇高、劳动最伟大、劳动最美丽的观念，其经验已推广到全区所有的中小学。九中初中部每年组织的学农活动，学生都能得到劳动的深度体验和现代农业科技的鲜活教育。高中部注重创新劳动，学生在青少年创客奥斯卡比赛中斩获金、银、铜牌；在"登峰杯"全国中学生科技创新大赛机器人竞赛中获奖；学生自主设计的挂式书架获得国家知识产权局颁发的外观设计专利证书。

三、营造高品质的课堂场景

课堂作为学校教育的主渠道，起着无可替代的重要作用。课堂是学生学习的场所，教师要运用自己的智慧和创造力，把课堂营造成生动活泼的学习乐园。而目前的课堂，考试指向过于明显，技能培养过于热衷，学生主体过于形式。要改变现状，一定要营造立意有高度、思维有深度、活动有热度的新课堂。

课堂的立意有高度。课堂的立意，体现在教师的育人观、人才观、价值观，体现在教师对学科本质和教材体系的全面深刻理解。课堂上，教师更要关注学生的实际获得，更要教育学生尊重学习规律和科学规律，更要关注学生的学习路径、学习体验和学习强度，让学生能在相对宽松和谐的氛围中自然地学习。"大学之道，在明明德，在亲民，在止于至善。"课堂的更高立意，自然应着眼于人的发展，使其明白做人的道理，使其养成反思与创新的习惯，使其不断追求美好的事物。

课堂的思维有深度。课堂是师生双边甚至多边交流的场所，而思维的交流显然占据重要地位。在课堂上，教师不仅要培养学生良好的思维习惯和思维品质，而且要努力"呵护"不同思维激烈碰撞、新的思维不断生成的课堂生态，还要"刻意"营造一种充满不可控因素和不确定性的课堂氛围，这样的课堂才是充满魅力的。只有这样，才能体现课堂上思维的深度建构，培养勤于思考、善于思考、敢于思考的年轻一代。可以这么说，课堂上思维的深度，映射了教师的学术厚度。

课堂的活动有热度。学生是课堂的主人，课堂上显然要设计各种活动，体现学生的主体参与。学生参与活动的积极性、主动性，是评价课堂的重要指标。课堂活动应如一首交响曲，时而如快板，学生在活跃的气氛中，迅速地进入教师精心设计的情境；时而如慢板，在教师的引导下，学生安静地思考，平和地沟通；时而如小步舞曲，学生激情地辩驳，智慧地答问；时而如终章，学生既惊叹别人见解的高明，又享受自己成功的喜悦。教师应如指挥家，调控活动，使之或舒缓或激越或深沉或高昂。这样，课堂活动便有了力度，有了波澜，有了意境，有了激情，这便是课堂活动的热度。

学校品牌是学校的核心竞争力，传承和创新是学校品牌建设的重要途径。北京九中70多年的实践和积淀，汇聚成九中的金字招牌。我们的使命，就是不断传承，擦亮这个品牌；不断努力，推广这个品牌；不断创新，提升这个品牌。九中高品质的教育实践，就是我们书写的答卷。今日，我们努力奔跑；未来，我们更为期待。

聚焦教育高质量发展

党的二十大报告指出："坚持以人民为中心发展教育，加快建设高质量教育体系，发展素质教育，促进教育公平。"教育的高质量发展，需要不断涌现高水平学校，不断涌现高水平教师，不断涌现高水平学生。

一、教育高质量发展依托高水平学校

高水平学校是教育高质量发展的平台。高水平学校要有高水平的办学设施、高水平的办学理念、高水平的治理能力。

九中教育教学设施完善，学校有标准田径场、专业体育馆、图书馆、实验楼、文体楼，有生态园、温室种植大棚，有以分子实验室为代表的五大创新实验平台，有校园电视台、廊道微博物馆，可以满足学生的发展需要和个性需求。

九中始终以"全人教育"理念为指导，面向全体、全面发展、尊重个性。以和谐、优质和无止境作为教育追求，恪守责任意识、务实作风和创新精神，培养面向未来的勇于负责、善于学习的现代公民。

九中的治理体系更加完善，学校坚持依法治校，推行党组织领导的校长负责制，教代会、党委会、校长办公会、学生会、家长委员会共同参与学校治理。

二、教育高质量发展依仗高水平教师

百年大计，教育为本；教育大计，教师为本。教师承担着传播知识、传播思想、传播真理的历史使命，肩负着塑造灵魂、塑造生命、塑造新人的时代重任。教师是教育发展的第一资源，是国家繁荣、民族振兴、人民幸福的重要基石。

九中的师资队伍有着极好的口碑。近几年来，九中以雁阵工程为抓手，专注核心素养、厚育大国良师，打造政治过硬、品德高尚、业务精湛、育人有方的教师团队。目前已经形成了头雁领航、强雁远航、雏雁启航的良好态势，以"肖伟华特级教师工作室"为标志的骨干教师团队，以"阶梯培养项目"为标志的成熟教师团队，以"鸿鹄班"为标志的青年教师团队，形成了名副其实的众雁振翅齐飞的良好态势，不断擦亮九中师资的金字招牌。

三、教育高质量发展依靠高水平学生

党的教育方针指出：教育必须为社会主义现代化建设服务、为人民服务，必须与生产劳动和社会实践相结合，培养德智体美劳全面发展的社会主义建设者和接班人。

九中提倡校园内充满朗朗的书声、歌声和笑声，关注学生的文化品格、艺术品位和健康品质。学校以"博学向上、博爱向善、博雅向美"的九中精神激励学生：肩负国家使命，做有抱负的人；承担社会责任，做有担当的人；追求人生幸福，做有品位的人。

一直以来，九中注重德智体美劳全面发展，五育并举，成绩斐然。学校在生涯教育、科技、体育、艺术等方面特色更为突出，一批又一批有理想、敢担当、能吃苦、肯奋斗的新时代青少年脱颖而出，他们必将成为祖国的栋梁！

站在新起点，开创新局面

"十三五"时期，北京九中取得了辉煌的成绩。

先进的学校文化：九中始终坚持"全人教育"理念，面向全体，全面发展，尊重个性。九中坚持德智体美劳五育并举，培养全面发展的有抱负、有担当、有品位的现代公民，扎扎实实地为党育人、为国育才。提出了"博学向上、博爱向善和博雅向美"的九中精神，鼓励学生肩负国家使命、承担社会责任、追求人生幸福。提出了让校园充满书声、歌声和笑声的口号，关注学生知识文化学习、艺术美育熏陶和心理健康建设。提出了"三度课堂"的要求，使课堂立意有高度、思维有深度、活动有热度，让课堂教学更加关注学生的实际获得。

鲜明的办学特色：九中集团化办学取得了令人瞩目的成绩，教育集团的文化建设、课程建设、制度建设和组织建设更加完善。九中的文体、科技特色更加出色，金帆舞蹈团成绩卓著，屡次在国家重大庆典中演出；金奥代表队奋力拼搏，全国体育传统校，足球、篮球、冰雪运动示范校接连挂牌；科技创新大赛崭露头角，入选北京市中小学科技教育示范学校。生涯规划教育有新的突破，提供了较为系统的生涯规划课程、开展了更加丰富的职业体验活动。内高班教育成果丰硕，民族团结教育、民族团结进步深入人心，始终铸牢中华民族共同体意识。

丰硕的育人成果：学校校风、学风良好，学生主动参与学习、关注社会生活。学生多次荣获国家级、市级高中生作文、数学、物理、化学、生物、信息技术等竞赛奖项、创新科技类比赛奖项，优秀学生论文在各类专业期刊上发表。学生主动创建、积极参加健身类、科技类、学术类、艺术类、非遗类等社团活动。中高考成绩屡创佳绩，5年来，学校培养了近2000名初中毕业生，为高校输送了2000余名优秀生源，中考成绩逐年提升，高考本科上线率始终保持在100%，一本上线率整体稳定，赢得社会广泛赞誉。

"十四五"时期，我们面临新的挑战和机遇，要着力新的奋斗。

优化学校治理结构：全面推进依法治校，健全以章程为核心的学校制度体系。坚持党组织领导的校长负责制，坚持党的全面领导，进一步提升办学自主权，完善学校各项管理制度。充分发挥教代会、党委会、校务会、行政会的作用，完善议事决策机制。进一步发挥家长委员会的作用，完善家校协同育人机制。

完善队伍建设机制：充分发挥"特级教师工作室""名师工作室"的品牌效应，发挥市区级学科带头人和骨干教师的引领和示范作用；重视和加强成熟教师的培训，发挥其骨干中坚作用；高质量开展"鸿鹄班"工作，帮助青年教师迅速成长；实施教师梯队培养"雁阵工程"，培养、引进正高级教师、特级教师、市学科带头人和市级骨干教师，加强各类教师的思想政治、师德水平、业务能力培训，培养高水准的教师队伍梯队。

擦亮九中金字招牌：着力打造学科建设优质品牌，凸显九中学术品牌、学科名师品牌、教育教学加工能力品牌；打造以"固本鼎新，和合共生"为理念的九中教育集团品牌，锻造民族团结教育品牌；树立九中科技创新品牌、一体化德育品牌、生涯教育品牌、心理健康教育品牌、家校协作品牌，聚焦金帆舞蹈团、艺术体操队、高水平运动队、校园合唱团等九中艺术特色品牌，不断擦亮九中的金字招牌。

站在新的历史起点，我们要继续开创新的局面，努力争取更大的成果，让九中成为更多学子理想的学园，成为百姓心中理想的校园。

观念与模式的协同变革

科技的发展和教育技术的进步，对学校教育产生了巨大的冲击。在教育数字化的背景下，学校教育何去何从？

一、教育观念的变革

以往我们一直重视学生的成功和成才，而在学生的学习体验、学习情感、学习责任等方面，往往关注不够。随着人工智能的发展，各种社会角色的功能、表现和重要性更加清晰，社会的优势、短板也更加明确。我们要重新定位对学生的认识，从人的成长的角度，进行更全方位、更宽领域和更深层次的思考。

学生的成长是过程性的、动态的，但是目标和方向应该是清晰的，因此学生的生涯规划十分重要。学生要为未来做准备，要清楚自己的优点，要了解社会的需求，要适应社会的发展，要为社会的发展做出贡献。社会是不断发展的、变化的，未来存在很多的不确定性，因此，学生要学会适应变化。没有一成不变的招式，没有一劳永逸的生活，只有不断学习本领，不断适应变化，才能有更美好的未来。

为什么而学？学习过程中的自我反思和激励十分重要。居家学习期间的自强自律显得尤为珍贵。责任二字，对内，意味着修身，意味着对学习过程的自我审视和自我监控；对外，意味着付出，意味着对国家社会的奉献回报。

二、教育常态的变革

一直以来，班级教育是最普通、最常见的教学组织方式，课堂教学也一直被认为是最有效、最经济的教学方式。随着人工智能的发展，这种教育常态遭到了极大的冲击，也使我们对教育的新常态有更多的思考和期待。

新的常态教学仍然需要重视教师的教，只是在教的内容、教的方式和教的目的上有了很大的不同。教师不仅要教知识，更要教做人的道理。疫情面前，人生百态毕露，众人在大事面前的表现，基于其平日的认识。教师承担着传播知识、传播思想、传播真理的历史使命，肩负着塑造灵魂、塑造生命、塑造新人的时代重任。教会学生做人，是我们现阶段最重要的任务，也是重要的契机。

教师要教学生认识生命的价值。人生的意义在何处？生命脆弱、人生无常，对生命的尊重是文明社会、和谐社会的原点，我们要教育学生树立正确的世界观、人生观、价值观，明确生命的意义，理解生命的价值。教育学生应当带着感恩的心，珍惜自己拥有的，追求美好的理想，为人生目标不懈奋斗、开拓进取。

教师要教学生学习的方法。教是为了不教，教的目的是学。提高学习兴趣、制订学习计划、关注学习效率、注重学习评价、掌握学习规律、培养良好习惯等，都是非常重要的。良好的学习方法、适切的学习风格，是学生具备的良好品质。

三、学习方式的变革

对于学生来说，成长是第一位的。而学习，是成长的必由之路。不是只有课堂上才能学习，也不是只有学校里才有课堂。在广袤的天地间、在社会万象中、在芸芸众生里、在繁杂的不确定性中，都可以学到知识、学到方法、学到本领、学到思想，学会成长。

而学习的方式，既要注重自主学习，通过个人的观察、探究、思考、内化，得以建构完整的知识体系；也要注重协作学习，通过与同伴的交流、辨析，通过教师的指导、帮助，促进对知识的深层理解和掌握。既要重视线下学习，通过真实的学习实践，获得宝贵的学习体验；也要重视线上学习，通过各种精品资源，广泛汲取营养，吸收提炼成自己的学习经验。

在学习方式的变革中，教师要培养学生善于搜寻筛选资源、善于灵活运用学习方式、善于借助信息技术辅助学习的能力，真正实现学习无处不在，无时不在，真正实现全要素全流程的学习体验。

在新的形势下，学校和社会的协同助力，教师和家长的协同培养，学生和学生的协同进步，不断促使教育观念和教育模式协同变革，不断促进教育过程新陈代谢，不断促进教育未来日新月异。

"云教育"会朝着更便利、更友好、更人文的方向发展

本文根据千龙网于 2022 年 6 月 20 日进行的采访报道整理而成，主要探讨的议题为"云教育"。

面对新冠疫情的复杂形势，"五一"假期后，北京市中小学暂停返校，学生再度转至线上课程。借助于疫情期间积累的线上教学经验，各学校已在在线教育领域实现了一系列创新变革。校领导们也对教育信息化产生了新的深刻思考。

线上教学，尽管在形式上有所转变，但依然秉持着传统课堂教学的原则和基本要求，包括关注学生的学习状况、课堂互动以及知识掌握程度等关键要素。同时，新的课堂形式对教师的教学能力、教育理念、组织和管理能力提出了更高要求。

在教学流程上，教师更注重学生的参与度和学习状态，针对性地设计教学流程。课前，教师会充分了解学生的学习基础和准备情况；课中，教师会时刻关注学生的反馈情况，及时收集课堂效果信息；课后，教师提供线上辅导和答疑，尽力确保每个学生都能充分掌握课堂知识。在学习方法上，教师更加注重引导学生自主学习、探究学习和合作学习，教学活动更倾向于服务学生。在教学管理上，教师融入学法指导，关注学生的学科兴趣和学业理想，同时注重心理健康指导。这些变化不仅有助于提升学生的学习效果，也有助于培养其独立思考和解决问题的能力。

在落实"双减"政策的过程中，我们对线上教学模式提出了新的要

求。首先，我们关注学生的整体学业负担。在课程和课表的安排上，我们注重符合学生的实际需求，合理安排学生的休息、睡觉、答疑和锻炼时间，并控制作业量和作业难度。其次，我们重视课堂效率的提升。在备课、课堂教学、课后辅导、作业布置和批改等方面，我们更加优化和深入研究，旨在提高教学质量和效果。此外，我们还结合社会大课堂，整合德智体美劳五育教育，培养学生的综合素质和全面发展能力。我们不断探索更加灵活多样的课堂教学模式，如传统班级教学、不同班级合作以及采用课程整合的方式等，同时也根据需要随时切换不同的教学形式，如任务式学习、大单元教学、翻转课堂等。

教育信息化和现代化一直是教育发展的方向。未来的"云教育"，会朝着更便利、更友好、更人文的方向发展，人们可以随时随地接入学习，可以更具选择性更具自主权，打破学科壁垒、学段限制，会更具个性化。在信息化时代背景下，教育将更加注重开放性和灵活性。学习资源的提供和获取将更加便捷，学习成果的评估和评价将更加科学，学习任务的选择和推送将更加友好，学习能力的提高和进阶将更加贴心。为了实现这些目标，教育理念、教育技术、信息技术的深度融合成为关键。

学校应该持续在教育信息化和现代化建设上发力。首先，需要对照《中国教育现代化 2035》的具体要求，有针对性地培养教师队伍。其次，积极推进"互联网＋教育"的研究工作，持续在课题、项目和实践过程中取得进展。再次，要时刻关注技术变革的最新动态，及时将最新的手持技术应用到教育教学中。最后，开展"双师课堂"的实践和研究，积累更多的课例研究经验和成果。

学校文化・动力源泉

立足"全人教育"理念，创建和谐校园文化

北京市第九中学成立于 1946 年，至今已 70 余年。70 多年来，九中以"全人教育"理念为指导，形成了以"和谐"为主要特征的文化体系。"全人教育"就是关注全体、全面发展、尊重个性。"全人教育"把教育目标定位为：在健全人格的基础上，促进学生的全面发展，让个体生命的潜能得到自由、充分、全面、和谐、持续发展。

学校的校标是学校文化的符号。九中的校标是 ☯。它源自数字"9"，9 是个位数字中最大的一个，意指办学要立足高处、立意高远、胸襟更宽、目光长远。它分明又是标点"，"。逗号意味着"未完成"，所以当思考不止，进取不止。逗号意味着"无止境"：治学无止境，唯有锲而不舍；仁爱无止境，唯有海纳百川。它又似象征融合、均衡的太极图"阴阳鱼"，寓示着北京九中正充分整合各种教育资源并努力使之达到动态的平衡，形成和谐互动的整体；正充分尊重各有特色各有禀赋与潜能的生命精神，努力实现每个个体的健康生存和全面发展；它正以开阔的襟怀包容一切元素和力量，不断提升自我，不断追求秩序井然，不断追求和谐完满。

学校的校训是学校文化的灵魂。九中的校训是：砺身、砺志、博爱、博学。其核心内涵可以理解为：拥有健康的体魄和心理、坚定的志向和意志、博爱的情怀和胸襟、渊博的学识和才能。砺身，提醒着学生始终要关注身心健康，主动锻炼身体，强健体魄，培养良好的心理素质。砺志，激励着学生树立远大的理想，以国家的发展为使命，以社会的进步为责任，有强烈的家国情怀，积极传承和弘扬优秀的传统文化。博爱，引导着学生以热情包容之心对待他人，以积极的心态对待世界、关爱社会，践行社会

主义核心价值观，不断弘扬正能量。博学，激励着学生努力学习科学文化知识，以渊博的知识、深厚的底蕴，不断丰富自己的精神世界，为将来回报社会奠定坚实的基础。如果说，"砺"是过程，是必经之路，那么，"博"则是结果，更是永恒追求的目标。九中的校训，规范着学生的日常行为，引导着学生正确的方向，激励着学生不断进步。

学校的精神是学校文化的核心。九中精神，是70余年来历代九中人在实践中积淀下来的宝贵财富，是全体九中人的共同追求，是九中人教育理念和价值观的基本体现。九中精神的具体含义有三：一是博学向上，肩负国家使命，做有抱负的人。九中学子有远大的理想和抱负，有浓浓的家国情怀，他们积极传承和弘扬优秀的传统文化，并具有强烈的民族自豪感和自信心。二是博爱向善，承担社会责任，做有担当的人。九中学子有回报社会的热情和担当，有宽容平和的心态，有海纳百川的气度，他们践行社会主义核心价值观，不断弘扬正能量。三是博雅向美，追求人生幸福，做有品位的人。九中学子有追求美好生活的志趣和品位，他们身心健康，举止文明，气质优雅，具有良好的修养。总之，作为九中人，我们要做"先天下之忧而忧、后天下之乐而乐"的人，要有为建设"富强、民主、文明、和谐"的国家而鞠躬尽瘁的远大抱负；要有"勿以恶小而为之，勿以善小而不为"的法治和道义精神；要有为创造"自由、平等、公正、法治"的社会而不懈奋斗的责任担当；要有"穷则独善其身，达则兼济天下"的修养品位和家国情怀，践行"爱国、敬业、诚信、友善"，做遵守社会公德、职业道德、家庭美德和个人品德的优秀现代公民。

学校的育人目标是学校文化的精髓。九中的育人目标是：关注健康、尊重个性，培养有抱负、有担当、有品位的现代公民。我们以家国情怀课程引导学生增强国家认同，培养爱国情感，树立民族自信，形成为实现中华民族伟大复兴的中国梦而不懈努力的共同理想追求，培养有抱负的现代公民；以社会关爱课程，引导学生正确处理个人与他人、个人与社会、个人与自然的关系，学会心存善念、理解他人、尊老爱幼、扶残济困、关心社会、尊重自然，培育集体主义精神和生态文明意识，形成乐于奉献、热心公益慈善的良好风尚，培养有担当的现代公民；以人格修养课程，引导学生正心笃志、崇德弘毅、明辨是非、遵纪守法、坚韧豁达、奋发向上，自觉弘扬中华民族优秀道德思想，形成良好的道德品质和行为习惯，培养有品位的现代公民。

学校的管理制度是学校文化的保障。九中的管理文化是宽松不失精细，在宏观上管理相对宽松，给老师和学生足够的自由空间，不限制、不控制，鼓励师生主动发展，锐意创新。在微观上管理又十分精细，营造有利于发挥师生主动性的氛围，让管理的每个细节都能激发师生的创造性。九中的制度文化是严谨不失人文。严谨体现在制度体系的丰富与完善，无论教育教学，还是工会后勤，无论实验室图书馆，还是宿舍门卫，无论是校园绿化，还是环境卫生，无论是长效机制，还是临时预案，都有十分细致的制度，保障了学校的各种活动有条不紊地开展。人文体现在制度对人的尊重，制度的出发点和归宿都是为人的发展服务，处处体现以人为本，重激励，重促进。九中努力营造幸福校园，校园里充满了歌声、笑声和读书声，学生在学校里健康快乐地学习，教师在学校里安心幸福地工作。

学校的师生发展是学校文化的关键。九中的学生文化是全面不失专长。既关注学生的全面发展，注重学生的综合素养，也尊重学生的个体差异，鼓励学生的个性成长。基于学生不同的学习需求，学校开放创新实验室、图书馆资源、网络学习资源，利用导师制、科技创新项目为学生提供个性化学习服务。九中建立了成熟、完善的特长生培养机制，为具有不同爱好的学生提供成才的沃土，金帆舞蹈团、艺术体操队、高水平运动队均为全国领先的学生团体，成就了一大批专业人才。九中的教师文化是奉献不失提升。教师在成就学生的同时也在成就自己。教师不仅仅是春蚕，不仅仅是蜡烛，同时也是不断成长的个体，不断提升自己的专业水平，教学相长，与学生共进步，同成长。近年来，九中的教师队伍建设成绩喜人，有45人被评为北京市学科带头人、市级骨干教师和区级骨干教师，特级教师邢军被评为全国优秀教师，受到了党和国家领导人的亲切接见。

70余年风雨砥砺，九中立足"全人教育"，形成了自己的文化，正是这种和谐文化，激励着九中人共同努力，不断进取，不断迈上新的台阶，不断创造新的辉煌。

传承厚重历史积淀，弘扬现代校园文化

北京九中成立于1946年，至今已有70余年的历史。70余年的风风雨雨，赋予了学校深厚的历史积淀，形成了学校独有的文化特质，引领着一代代九中人奋力拼搏、勇立潮头。

一、厚重不失现代的学校文化

厚重体现在学校的传统。70余年来，一代又一代九中人艰苦奋斗，砥砺前行，积淀下了九中厚重的文化。这种厚重，留存于学校的一砖一瓦中，流动在学校的一草一木中，流传于教师的一言一行中，口口传颂，薪火相传。

厚重体现在学校的课程。70余年来，九中一直注重课程建设，以课程为载体，培育一代又一代优秀青年。九中始终坚持"爱国励志"的价值标准，始终坚持"中华优秀传统文化"的核心教育，多年来沉淀下了丰富而又具选择性的课程，满足不同学生的需求。

厚重体现在教师的实力。九中教师已经形成了敬业垂范、勤奋耕耘的风格，形成了一支师德水平高、专业素质硬、奉献精神足、战斗能力强的教师队伍。其中，涌现出以蔡立言、高继先、丁丙炎、季如生、邝介夫、邢军、肖伟华等为代表的一大批优秀的特级教师、全国优秀教师、师德标兵，他们代表了一代代九中教师的师德与学识，代表了九中教师的雄厚实力。

现代体现于学校的理念。我们致力于培养适应未来的学生，关注孩子们的可持续发展。我们注重学生的社会责任感，关注持续学习力。学校结合社会主义核心价值观教育，弘扬优秀的中华传统文化，从立身、成人、做事、协作等方面培养全面发展的人才。

现代体现于学校的特色。学校里应该是教室里歌声悠扬，操场上生龙活虎，这是学校的文体特色、艺术特色。九中从建校伊始，就注重学生的身心发展，培养了一批批优秀的体育运动员。从20世纪50年代的刘建设、刘建立，到近年来的国家级体育传统项目学校、金帆舞蹈团、艺术体操队、合唱团、校园集体舞，学校始终坚持文体特长，始终高举艺术特色，充分体现了现代教育的元素。

现代体现于育人的环境。学生在学校里发展，要营造有利于其个性发展的环境。学校的体育场馆、舞蹈房、专业教室、图书角、文化长廊，为学生提供了全面发展的重要保障；学校里有动手实践的创意实验室，可以动手设计，实现心中的创意塑造；有阳光温室，可以种植植物，观察生命成长的历程。最为重要的是，70多年形成的优美环境、优雅校风、优良学风，都潜移默化浸润着孩子们美好的心灵。

二、全面兼具专长的学生文化

九中的教育理念是"全人教育"，就是关注全体、全面发展、尊重个性。"全人教育"把教育目标定位为：在健全人格的基础上，促进学生的全面发展，让个体生命的潜能得到自由、充分、全面、和谐、持续发展。简言之，"全人教育"的目的就是培养学生成为有道德、有知识、有能力、和谐发展的"全人"。

九中的育人目标是：关注健康，尊重个性，培养勇于负责、善于学习的现代公民。九中的学生必须是全面发展的。我们在新生入学手册《我们的高中》一书中，列举了学生在学校里要实现的九个"一"，即学生全面发展的基本要求。

1. 制定一项生涯规划，参与职业体验；

2. 通读哲学社科、自然科学与数学、文学书至少各一本；

3. 完成一次关于"优秀传统文化"的网络学习；

4. 参加一次国内外游学活动体验；

5. 培育一种艺术爱好，擅长一项体育运动，参加一次专业表演；

6. 设计制作一件手工作品或设计完成一项理科实验或种植一种作物；

7. 参与一项社会服务工作或志愿服务活动；

8. 参加一个社团组织，担任一个职位，完成一项活动策划并实施；

9. 参加一次校园比赛（如辩论比赛、演讲比赛、朗诵比赛等）。

尊重学生的天分和个性，鼓励学生发挥特长，也是九中育人目标的重要组成部分。无论是学业水平还是文体特长抑或是实践能力，我们都鼓励学生充分发挥自己的优势，扬其所长，张其个性。我们培养的学生都是未来各行各业的领导者，他们的专长将是未来中国的希望，是未来中国的核心竞争力。我们提供个性化的服务，努力培养拔尖创新人才，提高他们的实践能力。

三、宽松不失精细的管理文化

无论是战争年代，还是新中国成立初期；无论是"文革"期间，还是改革开放时期；无论是重点中学时期，还是高中示范校阶段，九中的管理始终是宽松的。这种宽松，体现在对教师的管理上，充分尊重教师的个性，成就了一大批优秀的骨干教师；这种宽松，体现在对学生的管理上，积极鼓励孩子展示个性，培养了一大批优秀的九中学子；这种宽松，体现在对干部的管理上，充分发挥他们的聪明才智，培养并输送出一大批优秀的管理干部。

宽松的管理，意味着和谐，意味着尊重，意味着以人为本。对于教师，宽松的环境有利于充分体现教师的个性劳动，有利于名师的成长。多年来，九中名师辈出，人才济济，深得社会各界的好评。目前在职的教师中，市区骨干教师达40余人，无论是对于学校还是对于区域教育，他们都起到了中流砥柱的作用。

对于学生，宽松的环境有利于学生的全面发展，有利于学生的特色发展，有利于学生的个性成长。九中鼓励学生选择成长的道路，为不同个性特长和不同志趣爱好的学生搭建成才的平台，提供成长的助力。正是在这样宽松的环境下，九中学子健康成长，全面成才，在科技、艺术、教育各领域涌现出一大批优秀的人才。从 20 世纪六七十年代的体育健儿，到八九十年代的艺术体操选手、金帆舞蹈团精灵，再到新世纪的科技创新人才，都留有九中学子美丽的身影。

宽松的背后是精细，精细体现了九中向上、向善、向美的精神，体现了九中人 70 多年的奋斗和智慧。只有对教育路线的精确认识，对教育目标的精细理解，对教育规律的精准把握，对教育对象的精心付出，对教育路径的精益求精，才能做到举重若轻，淡定从容，才能营造宽松的氛围，促进学校、教师、学生的和谐发展。

四、严谨兼具人文的制度文化

制度，是学校运行的保障，是培养人才的基础。70 余年来，九中围绕办学理念和育人目标，在安全、环境、育人和课程等诸多方面，建立了严谨完善的各项制度，并在制度实施、应急反馈等方面积累了丰富的经验。同时，与时俱进，针对课程改革、创新人才培养、育人模式创新、考试变革等方面，建立了新的制度，为学生的全面发展保驾护航。

完善的制度体系、完整的制度网络、严谨的制度文化，保障了学校的安全、保障了学校的活力、保障了学校的生态。九中的制度文化，既严谨，又人文，无论是对教师还是对学生，在制度约束的同时，更加重视制度的导向作用；在制度惩罚的同时，更加关注制度的疏导功能；在制度管理的同时，更加重视制度的激励作用。

在制度的可靠保障下，九中坚持"全人教育"，坚持立德树人，关注学生的思想道德建设，在学生行为习惯、道德品质、个人修养方面整体考量、系统推进，学校的校风、学风令人称颂。九中校园充满了学生朗朗的书声、歌声和笑声，九中学生在科学文化知识、艺术审美情趣和心理健康领域得到全面的发展。

五、自主不失引领的课堂文化

课堂是学生学习的场所，是育人的主渠道，是学生身心成长的原野。

在课堂上，学生自主学习、合作学习、探究学习，学生汲取知识、学习方法、形成情感态度与价值观，学生锻炼思维、锤炼品格、提升能力。我们说，要把学生摆在学校的正中央，让学生成为学习的主人，课堂上的自主是必不可少的。只有充分发挥学生学习的自主性，给学生足够的思维空间，给学生必要的成长平台，学生才能形成必备品格、关键能力，才能培养核心素养，成为全面发展的人。

同时，学生的发展也离不开教师的适时指导。《论语·述而》中说道："不愤不启，不悱不发。"学生在思维的深度、联系的广度等方面都需要教师的引领和指点，教师传道授业解惑的功能不可或缺。教师的引领体现在对学科价值的挖掘上，体现在对学生能力的培养上，体现在对学生核心素养的提升上。同时，教师的引领还应该关注学生的习惯养成、态度转变和价值判断。

自主不失引领的课堂文化，是我们追求的校园先进文化，是真正实施素质教育，尊重生命、尊重规律、尊重差异的文化，是把学生作为生命成长的个体的教育理念的成果。在这样的文化氛围里，学生全面发展，自主成长；教师敬业奉献，立德树人；师生和谐互动，教学相长，共同营造生生不息的校园生态。

六、奉献兼具提升的教师文化

九中有一支师德师风优、奉献精神足、业务水平高、团队精神硬、研究能力强的教师队伍。在70多年的发展过程中，形成了奉献兼具提升的教师文化，引领着一代又一代九中学子不断进取，为国家培养了一批又一批优秀的人才。

九中教师始终把奉献放在首位。我们提倡的奉献，定格在教师高尚的师德人品，强调对教育事业的挚爱、对教师职业的热爱、对全体学生的关爱、对教育同仁的友爱。我们提倡教师成为"爱"的代言人，成为一个好的传道者，要有自己的气质和风骨，用自己的人格魅力、高雅志趣、高尚情操去影响学生，用自己的价值观念、敬业精神、处事态度去影响同伴，用社会主义核心价值观、优秀的传统文化、教书育人的家国情怀去影响社会。我们从身边的优秀教师入手，以榜样的力量激励教师，让优秀的师德成为学校的文化，让九中的校园充满高尚的师德，充满美好的情感，充满幸福的阳光！

九中坚持教师队伍建设，提升专业能力。教师的专业能力表现为扎实的学术水平、精深的教研水平、精湛的教学水平、高超的指导水平。教师既要有广博的本体知识和对学科的深刻理解，又要有对课标、考纲、教材、课改精神的把握，对学生的学习基础、学习风格、学习态度等的深入了解，同时又有对重点难点的处理技巧，营造积极热烈的课堂互动，引发深刻有效的课堂生成等。当然，教师还要在引导志向、提升学业水平、促进品格、发展人格方面不断着力。教师在教书育人的同时，还要成为学生的生涯导师。

九中重视教师的培训，加强校本研修，学校连续举办20多届"教育教学论坛"，促进教师专业发展。对不同类型，不同发展阶段的教师，学校都给予针对性的提升建议，搭建不同的成长平台。对于骨干教师，通过名师工作室、学术委员会等平台，给他们充分展示自己才能的机会，在更高的平台上成就他们，让他们不断引领学校的学科建设，不断引领其他教师，为学校和区域教育做更大的贡献。对于成熟教师，以项目推进的方式，鼓励教师在集团内尤其是初高中各学段、新疆部、国际部之间流动，健全教师激励机制。对于青年教师，以"鸿鹄班"为抓手，明确给出他们成长的目标，指明他们成长的方向，同时研究他们达成目标的路径。

70多年铸就了九中精神，我们将努力传承厚重的历史积淀，弘扬先进的文化理念，再筑九中梦。在厚重不失现代的学校中，培养全面兼具专长的卓越公民，以宽松不失精细的管理文化，深化严谨兼具人文的制度文化，营造自主不失引领的生态课堂，打造奉献兼具提升的教师队伍。通过师生的共同努力，使学校成为真正成就人的地方，让我们的教师在成就学生的同时，成就自己的精彩人生。让九中的学校文化，充满浓浓的人文气息。

营造多元共生的集团文化

　　九中教育集团于2010年5月成立，目前共有7所学校，包括1所高中、2所初中和4所小学。集团总占地面积18万平方米，建筑面积10万平方米，教职工近700人，学生6000余人。九中教育集团的不断发展，为石景山区全面构建教育新地图起到了重要作用。

　　教育集团自成立以来，在各成员校的共同努力下，在课程建设、教师交流、学生活动、文化建设、品牌提升等方面不断推进，取得了明显的成效，形成了自己的特色。

一、集团课程体系基本建成

　　在集团成立之初，我们就致力于集团课程体系的构建。在德育课程方面，我们努力打造立足12年基础教育的以科技场馆和博物馆课程为核心的实践活动课程体系，力图在核心价值观、传统文化、学生行为习惯等诸多方面打造九中教育集团学子的特质。在学科教学方面，我们努力打造十二年一贯制的学科课程体系，尤其关注小学与初中的课程衔接、初中与高中的课程衔接，以期实现集团内人才培养的无缝衔接。在课堂教学方面，我们积极推进集团内各学校的横向跨学科教学和集团各学校学段间的垂直整合，力图打通学科和学段壁垒，促进学生的综合学习能力提升。在课外作业方面，我们借助科研引领，努力推进作业有效性的研究，推行作业配餐和生活实践类作业，拓展了作业的功能。经过集团校的共同努力，集团课程体系基本建成，学生的绿色成长通道基本建成。

二、集团教师交流更加多元

我们深知，教师是集团校的共有资源，是集团发展的重要基础。学校以项目为抓手，开展了集团内教师共同参与的学习培训、共同教研、活动研讨、项目研究，努力打造集团教师成长和交流的共同平台。我们搭建了集团内中层干部的培训平台，大家共同参与，共同探讨，共同提高；我们搭建了九中初中部和石景山学校的教研平台，老师们一起研究教学问题，一起进行学术研究；我们打通了九中高中部和初中部之间的用人机制，每年的长期流动人员接近 40 人。无论是长期的还是临时的，无论是官方的还是民间的，无论是跨学科的还是跨学段的，随着集团内各项工作的开展，集团内的教师交流更加通畅，更加多元，更加常态，更加有效。教师的充分沟通和流动，促进了教育资源的有效配置，达到了前所未有的效果。

三、集团学生活动丰富多彩

集团内学生的优质发展，是集团成立的初衷之一。我们每年都要组织学生参加各种活动，提升学生的核心素养，加强集团的凝聚力。2012 年，我们开展了集团的大型文体展示活动，各学校充分展示了各自的特色文体活动，既互相独立又突出了共同主题，展示了学生在集团内生动活泼、主动发展的良好态势。随后的每一年，我们都有相应的主题活动，如集团艺术教育成果展示活动、集团经典诵读展示活动、集团传统文化展示活动等，这些活动，充分展示了各成员校在不同领域的教育成果，形成了教育集团的规模效应和集聚效应。另外，集团内开展的雏鹰建言活动、科技俱乐部创客活动、学科实践活动等，都从不同层面体现了集团在各个领域的教育成果。丰富多彩的学生活动，已经成为九中教育集团的特色。

四、集团文化建设取得突破

随着集团各项工作的开展，集团文化的重要性越发凸显。在专家的指导下，集团各成员校共同研究，经过反复研讨，初步形成了九中教育集团的文化体系。我们将集团的核心价值观确立为"固本鼎新，和合共生"，意为既尊重集团成员校原有的发展基础和特色，又不断开拓进取，通过优势互补、和谐共进，促进集团各个成员校、集团师生的共同发展。基于此，我们将集团的发展愿景确定为营建和合共生的教育生态，将集团的使命定位为：扎根京西沃土，屹立首都高地，师生共生共长，担当未来使命。通过管理文化、教师文化、课程文化等维度，构建集团文化体系。

五、集团品牌建设成效显著

集团成立之初，借助北京九中的品牌效应，期望优质资源的扩展和共享，使区域内人民能享受到更好的教育资源。集团成立以来，我们不仅实现了优质资源的共享，实现了北京九中的品牌输出，同时，经过多年的努力实践，教育集团也形成了自己的品牌。北新安小学的传统文化、石景山学校的科技教育、金顶街四小的书香诵读、金顶街二小的阳光体育、九中初中部的课程建设以及九中高中部的师资团队，都形成了自己的特色，成为新的品牌。九中和九中教育集团的品牌相辅相成，交相辉映，形成了新的教育高地。

今后，我们将继续打造北京九中教育集团品牌，以"固本鼎新，和合共生"为理念，勇担名校名集团社会责任，参与教育服务的公共治理，继续采取文化引领、科研先行、项目推动、资源共享等方式，力促区域教育高位、优质、均衡发展。

砺身砺志，博爱博学

北京九中 1946 年建校，1978 年被确定为市重点中学，2002 年被认定为北京市高中示范校。70 余年来，九中形成了自己的办学优势与特色：历史悠久，环境一流，文、体、科技特色突出，教师队伍精良，教学质量上乘。

九中从建校伊始，就注重学生的身心健康，着力培养全面发展的优秀人才。校训也随着时代的发展而逐渐演变。从建校初期的艰苦创业，到改革开放之初的"爱国立志，勤奋学习"，再到示范校时期的"砺身、砺志、博爱、博学"，始终体现着九中的办学宗旨和历史传统，体现了学校的文化追求和精神风貌。

我们的校训的基本含义是：身须磨砺、志须砥砺、爱应广博、学应渊博。砺身，方有体形体态之健美，体质体格之强壮；砺志，方能开发潜质、追求卓越，并塑造人格、完善品德；博爱，是人生的大悲悯、大关怀，仁爱无限，唯有宽容平和，海纳百川；博学，是智慧的高目标、高境界，治学无限，唯有孜孜以求，锲而不舍。其核心内涵可以理解为：拥有健康的体魄和心理、坚定的志向和意志、博爱的情怀和胸襟、渊博的学识和才能。

学校的积淀本身就是文化。70 余年来积淀下来的校训是学校文化的核心，是展示学校教育理念、学校特色的重要基础，对于引导师生树立正确的世界观、人生观、价值观，加强思想道德建设具有十分重要的意义，能够促进学校向高品位、高品质、高品牌方向发展。

校训对学生的成长起着激励、导向、训诫和规范的作用。九中的校训，既朗朗上口，又内涵丰富，指向性也极为明确，旨在引领学生精神成长，给学生一个发展的方向。砺身，提醒着学生始终要关注身心健康，主动锻炼身体，强健体魄，培养良好的心理素质。砺志，激励着学生树立远大的理想，以国家的发展为使命，以社会的进步为责任，做有抱负有担当的现代公民。博爱，引导着学生以热情包容之心对待他人，以积极的心态对待世界、关爱社会。博学，不断地激励着学生努力学习科学文化知识，以渊博的知识、扎实的学识，不断丰富自己的精神世界，为将来回报社会奠定坚实的基础。九中的校训，激励着学生不断进步，引导着学生正确的方向，警示着学生不能犯错，规范着学生的日常行为。70 余年来，九中形成了优美的环境、优雅的校风和优良的学风，这些和校训一道，都潜移默化浸润着孩子们美好的心灵，培养了一批批身心健康、全面发展的优秀人才。

如果说，"砺"是过程，是必经之路，那么，"博"则是结果，更是永恒追求的目标。博爱成仁者，仁者因其品德高尚而被爱戴；博学成智者，智者因其学识卓越而受敬慕。这便是九中的校训，也是九中之精神。

风雨砥砺七十载

——写于北京九中七十周年校庆

七十年前，一个并不十分特殊的日子，发生了一件十分特殊的事情：在北京的西部，诞生了一所新的学校——北京九中。从此，5月21日，就留在了我们共同的记忆里。此后的七十年，历经一代代九中人的艰苦奋斗，风雨兼程，现今的九中，已然是一所名校。

建校初期，九中的先辈们凭着一股热情，一腔热血，抱着为新中国培养人才的坚定信念，在一片荒芜中，建起了简易的校舍，安装了简陋的设备，开始了教书育人的历程。

20世纪五六十年代，九中已经颇具名气，1962年，九中被评为北京市重点中学，体育教育成果尤为突出，形成了自己的特色和品牌，一批优秀的体育健儿成为当时人们的偶像。

"文革"期间，九中校工吴效鲁保护法海寺壁画的故事令人动容。正因为有良好的校风，出于对艺术的朴实的热爱，法海寺壁画这一艺术瑰宝才得以保存，这也从一个侧面印证了九中的责任担当。

改革开放之后，九中步入了快速发展的阶段，为高校输送了大批人才。1978年，九中再次成为北京市重点中学。此后的二十余年，九中的教育教学质量、校园环境改造、教师队伍建设，都取得了令人瞩目的成绩。这些成绩，为九中的发展奠定了良好的物质和文化基础。1987年成立的金帆舞蹈团，开创了九中艺术教育的新局面，为舞蹈特长生提供了成长的广阔舞台。此后的艺术体操队、高水平运动队，培养了一批又一批运动健儿。

进入新世纪之后，九中又成为北京市高中示范校，继续跻身优质校行列，勇立教改潮头。2010年成立的北京九中教育集团，在区域教育高位均衡方面做出了自己的努力和贡献。内地新疆高中班的开设，书写了民族团结的新篇章。

七十年风雨砥砺，九中形成了自己的文化，凝练成了九中之精神。从建校初期的艰苦创业，到改革开放之初的"爱国立志，勤奋学习"，再到示范校时期的"砺身、砺志、博爱、博学"，始终体现着九中的办学宗旨和历史传统，体现了学校的文化追求和精神风貌。这种文化和精神，激励着九中人不断努力，不断进取，不断迈上新的台阶，不断创造新的辉煌。

我以为，九中之精神，一是博学向上，就是对国家的使命感。九中学子有远大的理想和抱负，有浓浓的家国情怀，他们积极传承和弘扬优秀的传统文化，并具有强烈的民族自豪感和自信心。二是博爱向善，就是对社会的责任感。九中学子有回报社会的热情和担当，有宽容平和的心态，有海纳百川的气度，他们践行社会主义核心价值观，不断弘扬正能量。三是博雅向美，就是对人生的幸福感。九中学子有追求美好生活的志趣和品位，他们身心健康，举止文明，气质优雅，具有良好的修养。

总之，七十年的积淀，成就了今日九中之辉煌，也预示着未来九中的新成就。我们正站在前人的肩膀上，努力为培养有抱负、有担当、有品位的九中学子而不断奋斗。

七十五年正芳华

——写于北京九中七十五周年校庆

你可曾听说，有这样一个地方，七十五年来，一直孜孜矻矻地为党育人，宵衣旰食地为国育才？这就是北京九中。作为北京市基础教育的亮丽名片，作为石景山区教育的第一品牌，北京九中已经在民众心中树立起了一座丰碑。

九中，是百卉含英的花园。美丽的九中校园，一直秉持和谐发展的理念。这里的景色迷人，这里的环境宜人，这里的故事动人。九中的环境布局、课程设置、活动安排，处处体现以人为本，体现自然和谐，体现阳光向上。正是在这样平和、大气、蓬勃的校园里，走出了一批批心系祖国、胸怀天下的优秀人才，他们融入国家建设的各个领域，肩负社会发展的伟大使命。

九中，是相观而善的学园。智慧的九中学子，一直坚守着博学向上的传统。这里的学习环境好、学习氛围浓、学习风气正。九中的学生之间，不排斥竞争，但更多的是携手合作，共同进步。七十五年来，九中始终坚持培养勇于创新、善于合作的英才，始终推崇向优秀的人学习优秀品质、向普通的人学习朴实精神，始终相信人心向善，扬人所长，三人行必有我师。正是这种全纳、包容、开放的文化，形成了一代代九中人薪火相传的精神之魂。

九中，是见贤思齐的乐园。盎然的九中校园，一直传承着博爱向善的基因。人们在这里倾听花开的声音、感受阳光的味道、品味成长的喜悦。七十五年来，九中走出了一批又一批学术水平高、创新能力强、奉献精神足的时代英才，他们在校园时追求卓越、陶冶情操，在工作岗位上孜孜求索、甘于奉献；他们有极强的社会责任感，不懈追求成为行业模范。九中的校园，人人追求德智体美劳全面发展，人人追求阳光自信品位高雅，人人追求意志坚定志向高远。

九中，是讲信修睦的家园。平静的九中校园，一直坚守着齐家治国的初心。在这个大家庭里，我们可以看到树下读书的少年，可以听到教室里朗朗的书声，可以感受到你追我赶的勃勃生机，更可以体会到那种扑面而来的磅礴力量。九中很安静，可以随处安放书桌；九中很宽厚，可以随时交换思想。无论何时，九中人始终静心修己、追求至善，始终心怀天下、志在四方，始终担当责任、不负众望。

七十五年的深厚积淀，成就了今日九中之芳华，滋养着九中未来更辉煌。我们正努力建设和而不同、美美与共的九中花园、学园、乐园和家园，着力培养有抱负、有担当、有品位的新时代九中学子。七十五年正芳华，九中一直在路上！

创文明城区，建文明校园

近年来，石景山区上下一心，以创建全国文明城区为总牵引，各项工作有序推进，取得了明显的成效。作为文明城区创建的重要环节，北京九中以立德树人为根本任务，以学生为中心，加强师德建设，重点围绕领导班子建设、思想道德建设、活动阵地建设、教师队伍建设、校园文化建设、整洁优美环境等方面开展工作，师生的精神面貌都有了新的变化，学校呈现出一派欣欣向荣的景象。

未成年人的思想道德建设是文明创城的重要工作。九中一直坚持"全人教育"理念，关注学生的全面发展，注重德智体美劳五育并举，努力培养有抱负、有担当、有品位的现代公民。学校通过国旗下的讲话、班校会、专题宣传活动等方式，鼓励学生努力践行社会主义核心价值观、模范遵守中学生守则和日常行为规范、积极参与社区和学校的文明行为实践，营造博学向上、博爱向善和博雅向美的学校文化，营造关注健康、尊重个性的成长环境。

校园环境是育人的无声课程。九中加大了环境氛围的营造力度，在校门口和实验楼的墙上新增了社会主义核心价值观的宣传，在操场南面的围栏上增加了中华传统文化的展示，在体育馆增加了学校田径、足球、篮球、艺术体操和冰雪运动特色的展示，加大了奥运精神和冬奥会知识的宣传力度，在学生食堂增加了光盘行动、营养健康等知识的宣传，在图书馆和体育场增加了相应的文化宣传。同时，学校在每个教室都展示了核心价值观、中学生守则、日常行为规范和九中精神等内容，在廊道展示九中学生的文明行为和实践活动，让学生随时随地得到文明的熏陶。

　　文明校园建设带来了更加积极的变化。校园的基础设施更好了，我们在美丽的校园里，看到了更多的花草树木，看到了新建的篮球场、新改造的看台、新安装的路灯；师生的精神面貌更好了，我们在和谐的校园里，看到了更多的阳光笑脸，感受到了师生的积极心态；学校的学习环境更好了，我们在安静的校园里，看到了更多随时随地读书的学生，感受到了学校浓浓的学习氛围；文明创建的成果更多了，我们收到了越来越多的喜讯：学生艺术体操夺金、学科竞赛获奖，学校获评民族团结进步示范单位，再次入选北京市中小学科技教育示范校……

　　文明校园是我们一直的追求，文明创建永远没有终点，我们始终在路上。我们要砺身砺志，不忘初心；我们要博爱博学，一路向前！因为我们知道：文明就在我们身边，文明就在我们心间。

教师发展·引路明灯

谈谈教师的核心素养

近期，学生的核心素养成为大家津津乐道的话题。素养，谓由训练和实践而获得的技巧或能力，常指素质与教养。核心素养，指的自然是最关键、最核心、最重要的素养。而教师的核心素养，也理应成为广大教育工作者和社会各界的重要关切。

韩愈说："师者，所以传道、授业、解惑也。"传道、授业、解惑的能力，就是对教师应该具有的核心素养的高度凝练。当然，教师的学习能力、研究能力、创新能力、信息技术运用能力、阅读能力也是必不可缺的。结合现代教育的理念，笔者认为，教师的核心素养，主要体现在以下四个方面。

一是高尚的师德人品。表现为对教育事业的挚爱、对教师职业的热爱、对全体学生的关爱、对教育同人的友爱。教师是"爱"的代言人，要成为一个好的传道者，就应该有自己的气质和风骨，用自己的人格魅力、高雅志趣、高尚情操去影响学生，用自己的价值观念、敬业精神、处事态度去影响同伴，用社会主义核心价值观、优秀的传统文化、教育人的家国情怀去影响社会。

二是娴熟的专业能力。表现为扎实的学术水平：具有广博的本体知识，对学科的深刻理解；精深的教研水平：对课标、考纲、教材、课改精神的把握，对学生学习基础、学习风格、学习态度等的深入了解；精湛的教学水平：重点难点的处理技巧，营造积极热烈的课堂互动，引发深刻有效的课堂生成等；高超的指导水平：引导志向、提升学业水平、促进品格、发展人格。

　　三是良好的沟通能力。教师要有良好的沟通和协调能力，主动与学生、家长、领导、同事交流，用心沟通，善于倾听学生和家长的诉求，善于协调学校和社会的资源，积极赢得各方的理解与支持。教师还要认真学习心理学、教育学、社会学等相关科学知识，善于研究家长、学生的心理。尊重、换位思考和共情是几个有益的原则。

　　四是强大的调适能力。处于社会变革时期，各方面的变化或多或少对人的心理和行为产生影响，教师要及时调整自己的心理、管理自己的情绪，克服付出与回报不成比例的失落感、负面情绪不能转移给学生的无助感、不被理解甚至受委屈的压抑感，以积极阳光的心态、充满正能量的行为展示自己，始终相信未来的一切将更加美好，始终坚守最初的选择。

　　具备良好核心素养的教师，才能在工作中展现自己的才华，以身作则，言传身教，培养具有核心素养的学生；才能记得来路，不忘初心，砥砺前行！党的十八大以来，习近平总书记多次对教育工作做出重要指示，为中国教育的改革和发展指明前进方向，我们要努力做有理想信念、有道德情操、有扎实学识、有仁爱之心的好教师，做学生锤炼品格、学习知识、创新思维、奉献祖国的引路人。

做新时代潜心育人的大先生

教育，民族之命脉；先生，教育之魂魄。习近平总书记指出："教师要成为大先生，做学生为学、为事、为人的示范，促进学生成长为全面发展的人。"国家繁荣、民族振兴、教育发展，需要千千万万个塑造学生品格、品行、品位的"大先生"。

一、大先生要有大情怀，胸怀国之大者

习近平总书记在全国教育大会上的讲话明确指出："教师是人类灵魂的工程师，是人类文明的传承者，承载着传播知识、传播思想、传播真理，塑造灵魂、塑造生命、塑造新人的时代重任。"

大先生要胸怀国之大者。大先生之大，大在胸怀，大先生自然要有强烈的天下观念和坚定的家国情怀，要扎根中国大地办教育，要努力培养担当民族复兴大任的时代新人。横渠先生有言："为天地立心，为生民立命，为往圣继绝学，为万世开太平。"大先生自然要关注民族大义，关心民生福祉，传承优秀文化，培育杰出人才。

爱是教育的灵魂，没有爱就没有教育。教师只有具备仁爱之心，才能走进学生心里，才能以生命影响生命，以灵魂唤醒灵魂，以信仰传递信仰，才能让学生"亲其师""信其道"，培养出更多有大爱、大情怀的人。

九中有一批大先生，他们以"四有好老师"的标准作为执业规范，以做好"四个引路人"作为奋斗目标；他们用自己的人格魅力、高雅志趣、高尚情操去影响学生，用自己的价值观念、敬业精神、处事态度去影响同

伴，用社会主义核心价值观、优秀的传统文化、先进的育人理念去影响社会。他们不忘教育初心，潜心教书育人，在平凡的岗位上默默奉献，创造了不平凡的业绩，树立了"九中师资"的响亮品牌，为区域教育做出了巨大的贡献。

二、大先生要有大格局，心系学生成长

教育兴则国家兴，教育强则国家强。教育对于提高人民综合素质、促进人的全面发展、增强中华民族创新创造活力、实现中华民族伟大复兴具有决定性意义。习近平总书记指出："希望广大教师不忘立德树人初心，牢记为党育人、为国育才使命，积极探索新时代教育教学方法，不断提升教书育人本领，为培养德智体美劳全面发展的社会主义建设者和接班人作出新的更大贡献。"

大先生要有大格局，关注学生的全面发展，注重学生的健康成长。作为大先生，既要立足当下，在自己的学科领域精耕细作、精益求精，也要放眼未来，关注学术前沿和教育发展，不断学习新技术、新方法、新理论，不断培养面向未来的人才。

大先生要树立科学成才观念，坚持以德为先、能力为重、全面发展，坚持面向人人、因材施教、知行合一；切实引导学生坚定理想信念，厚植爱国主义情怀，加强品德修养，增长知识见识，培养奋斗精神，增强综合素质。

北京九中有一批大先生，他们有扎实的学术水平：既有广博的学科本体知识，又有深刻的学科价值认识；他们有精深的教研水平：既有对课标、考纲、教材、课改精神的精深理解，又有对学生学习基础、学习风格、学习态度的精准把握；他们有精湛的教学水平：既能营造积极热烈的课堂互动，又能引发深刻有效的课堂生成；他们有高超的指导水平：既能提升学业水平、引导志向，又能促进品格、发展人格。

三、大先生要有大担当，勇立改革潮头

党的十九大报告中明确指出："中国特色社会主义进入新时代，我国

社会主要矛盾已经转化为人民日益增长的美好生活需要和不平衡不充分的发展之间的矛盾。"

当前在教育领域，人们渴望身边有更多优质的学校，渴望学校里有更多优秀的教师，渴望学生在学校里能得到更好的教育。近几年开展的教育改革就是为了呼应人民所需，办公平而有质量的教育，办人民满意的教育，这已经成为大家的共识。

大先生当然要站在教育改革的洪流中，破解改革难题，担当改革使命。大先生要坚持课程改革，为教育发展提供更丰富的资源；坚持教育技术改革，为教育发展提供更好的动力；坚持课堂教学改革，让教育主渠道发挥更好的作用；坚持教育评价改革，让评价目的更明确，工具更科学；坚持育人模式改革，创新学生成才通道；坚持学习方式变革，把学习的主动权和方法还给学生。

北京九中有一批大先生，他们站在教育改革的前沿，始终关注学生的发展。他们树立大教育观、大人才观、大课程观、大资源观，不断优化教育教学流程，不断提升教育教学质量。他们弘扬"博学向上、博爱向善、博雅向美"的九中精神，面向全体学生，注重全面发展，尊重个性培养。他们注重文化品格，倡导校园里有朗朗的书声；他们注重艺术品位，倡导校园里有朗朗的歌声；他们注重健康品质，倡导校园里有朗朗的笑声。他们改革课堂教学，推进"立意有高度、思维有深度、活动有热度"的三度课堂实践，把课堂还给学生，让课堂成为学生身心成长的原野。他们改革课程供给，提供丰富的选修课程、研究性学习课程和社团拓展课程，培养学生的关键能力和创新精神。他们不断引领教育发展，在教育理念变革、教育政策落地、教育技术更新、教育路径优化等方面不断追求，不断进步，不断领先。

时代呼唤大先生，改革成就大先生。让我们始终面向现代化，面向世界，面向未来，做新时代潜心育人的大先生。

老师，请您把 C 位留给学生

师者，所以传道授业解惑也。一直以来，我们借助学校班级组织，采用课堂教学的模式，完成教师的使命。在课堂上，虽然大家都认可学生是学习的主人，而在实际操作中，学习的主人其实是弱者。因为老师们有太多的知识、太多的学习知识的方法、太多的知识的重要性、太多的知识的应用、太多的知识的考查方式要告诉学生，学生们大多被动地接受，无奈地听从老师的安排。

现在，我们要重新定位师生的位置。我想说：老师，请您把 C 位留给学生。老师不再事事替学生做主，不是老师不重要了，而是老师更重要了。老师要提供给学生的不仅仅是自己最好的东西，而且是这一领域最好的东西。换言之，老师把自己最拿手的东西教给学生已经不够了，应该把全世界最好的老师的最拿手的东西教给学生。以前，这是不可想象的，而现在，随着技术的发展，这是很容易实现的。对老师来说，关注的重点不再是我能给学生讲什么，而是我能给学生提供什么。这便是我们常说的供给侧改革。

作为老师，最大的挑战是：如何从海量的资源中，选出最佳的资源，既代表本领域的最高水平，又能为学生所接受？"全球甄选"能力，将会成为教师的基本素养。所以教师既要脚踏实地，了解学生的实际情况，又要有全球视野，了解行业的发展。换言之，老师不光要会选资源，还要能够设计资源落地的路线图。

老师，请您把 C 位留给学生，学生是学习的主人，老师要营造氛围，让学生大声说出他们的愿望。老师要鼓励学生，使他们明确，必须对自己负责，知道自己的目标和志向，了解自己的优势和不足，学然后知不足，只有不断地上进，不断地学习各种本领，才能成为自己想成为的模样。

师生互动，应是学习的新常态。作为教师，要想办法让学生学，让学生会学，让学生乐学。怎么学，学哪位老师的，应该让学生去选择，要相信学生的选择。我们应该更多地关注他的学习过程、他的学习困难、他的学习焦虑，在适当的时候给予适当的帮助，"不愤不启，不悱不发"。如果现在还想着把学生牢牢抓在手里，控制学生，恐怕是再难如愿了。

将C位留给学生，老师能看到不一样的风景，成就学生不一样的人生。

研究是一种价值追求

百年大计，教育为本；教育大计，教师为本。教师承担着传播知识、传播思想、传播真理的历史使命，肩负着塑造灵魂、塑造生命、塑造新人的时代重任。教师是教育发展的第一资源，是国家繁荣、民族振兴、人民幸福的重要基石。

教育研究，是教师不断成长不断成熟的重要途径。教育研究，就是研究教育现象，理解教育现实，发现教育规律的活动。

研究是一种人生态度。教师是学校的核心竞争力，九中以习近平总书记提出的，做"四有好老师"、做好"四个引路人"为标准，加强师德建设和专业培训，宣传我们身边的师德标兵群体。学校以"责任意识、务实作风、创新精神"为价值引领，通过培养高尚的师德人品、娴熟的专业能力、良好的沟通能力和强大的调适能力，成就教师团队的核心素养。

研究是一种生活方式。学校借助各类媒体以及学校的校刊、网站、微信公众号，推出了身边的典型教师群体和个体系列宣传，取得了很好的社会效应。学校多次召开全体会议，学习了《中共中央 国务院关于全面深化新时代教师队伍建设改革的意见》，学习了全国教育大会、北京市教育大会精神，学习了《新时代中小学教师职业行为十项准则》，广大教师的政治站位和专业素养得到了有效的提升。

研究是一种成长习惯。教师不仅仅是春蚕和蜡烛，教师在成就学生的同时也在不断成就自己，教学相长，与学生共进步、同成长。学校鼓励教师自主制定生涯规划，并实施发展性评价，努力为广大教师提供各种外出学习交流提升的机会。学校已连续举办20余届"教育教学得与失"论坛，引导教师树立正确的人才观、课程观和质量观，促进教师专业发展。

研究是一种生命精神。对于骨干教师，学校以"特级教师工作室""学术委员会"为引领，搭建更大更高的成长平台，给他们充分展示才能的机会，让他们不断引领学科建设和其他教师，为学校做更大的贡献。

研究是一种核心力量。对于资深教师、成熟教师，学校充分尊重教师的教学风格，给予更多的关注和支持，提供更多的机会和帮助，搭建更高更好的平台，让他们发挥更大的作用，不断提升他们的职业自豪感，增强凝聚力和向心力。

研究是一份青年担当。对于青年教师，学校以"鸿鹄班"为抓手，明确给出他们成长的目标，指明了成长方向，即"一年熟悉规范，二年胜任熟练，三年能挑重担，五年成为骨干"，同时研究青年教师们达成目标的路径。经过多年的打造，"鸿鹄培养项目"已经形成一套比较系统和完善的培养策略，被评为石景山区优秀基层党建工作创新项目，并荣获区"青年文明号"。

研究是一种力量储备。对于干部，坚持德才兼备、以德为先的用人标准，完善干部培养、选拔、考核评价制度，定期进行中层以上干部在全校述职，教职工参与评价。大力培养青年后备人才，做好干部梯队建设，近年来向本区兄弟学校输送了近 10 名干部和 4 名特级教师，他们也已成为区域教育的中流砥柱。

近年来，九中的教师队伍建设成绩喜人，荣获国家级优秀教师、市区师德标兵、优秀教育工作者、"紫禁杯"班主任等荣誉称号的教师 20 余人，被评为北京市学科带头人、市级骨干教师和区级骨干教师的有 45 人，区级首席班主任 3 人。教师在各级各类的课程、教学、论文比赛中获奖，并成功立项 4 项北京市规划办课题，3 项北京市教育学会课题，近 20 项石景山区规划办课题，出版专著 10 余部，在国家级、市级核心期刊和杂志中发表多篇优秀论文、案例和文章等。

聚焦人工智能时代的教育：
学生跟谁学？老师干什么？

本文系根据央广网于 2018 年 1 月 30 日所进行的采访报道整理而成，主要探讨的议题为"人工智能时代的教育教学"。

自从 2016 年谷歌研发的 AlphaGO 战胜人类棋手，人们对于人工智能技术的关注热度迅速攀升。人工智能在帮助人类提高工作效率的同时，也令各行各业的人感到焦虑。人工智能时代，身处校园的教师如何才能在竞争中立于不败之地？

一、老师不再布置和批改作业了？

自华东师范大学数学系毕业后，我开始了我的教学生涯。从事教育工作已逾 25 年，虽然教育改革如火如荼，但讲堂上的变化并不显著。这一现象可能与教师的观念密切相关：即使教师知道应该如何讲解，也不一定了解学生应该如何学习。一些教师坚信，如果他们已经讲解了所有知识点，那么学生考试成绩不佳就是学生自己的问题。然而，即使教师完成了教学任务，学生的实际掌握情况仍然值得怀疑。因此，我认为教师需要转变观念，不再过度关注自身的教学方法、教学模式和教学改革，而应更加着重于研究学生的学习方法、学习模式和学习状态的变化。

尽管我们一再强调尊重规律、尊重学生，但当教师面对四五十个学生时，要了解每个孩子的学习过程就变得异常困难。然而，在不了解学生的情况下进行教学，很难确保学生的实际掌握情况，也难以促进他们的真正转变。那么，如何判断学生在某学校的就读期间是否发生了转变呢？在没有有效的评价机制时，考试往往成为教师的首选工具，而重复性的考试则成为教师的主要教学手段。

在人工智能时代，教师可以利用在线学习软件来批改学生的作业，并根据作业完成情况为学生布置个性化的作业。如果机器能够更好地完成任务，教师就可以摆脱这些低附加值的工作。因此，未来的教育可能不再需要教师承担这些任务。

二、未来的学习会像武侠小说里速成的"武功"

人工智能对教育领域的深远影响，可能导致校外补课的重要性降低。因为补课的主要目的是加快学习进度，提前学习后续阶段的知识。然而，未来的学习模式可能会像武侠小说中描述的那样，学生针对个人的弱项，进入相应的资源包进行学习，一周内就有可能获得显著的提升。

随着时代的进步，平板电脑、手机等智能设备在孩子中间的使用已经非常普遍。禁止学生携带手机到学校的做法可能是不现实的，关键在于如何正确地引导和利用这些现代科技工具，让它们成为孩子们学习的得力助手。学生并非不适合使用手机进行学习，而是需要增加学习资源，减少与学习不相关的娱乐内容。作为教育工作者，我们应该积极开发基于这些平台的学习资源，以满足学生的需求并推动他们的学习进步。

虽然现在公众对"择校"现象持批评态度，但未来这一现象可能会更加普遍，因为未来的学校教育将更加注重个性化，学生可以根据课程设置的质量和内容，选择适合自己的学校。

三、人工智能会不会颠覆学校的结构？

人工智能技术在教育领域的应用正在改变着传统的教学方式。过去以教师为主导的教学模式正在向更加智能化、个性化的方向转变。通过数据分析和监测，人工智能可以准确地分析对学生的成长产生积极影响的因素，从而为每位学生提供个性化的指导。

北京九中与清华大学未来教育学院签署了一项小范围的合作协议，旨在收集学生的学习过程数据并建立模型，以分析学生的学习状况。虽然大学里已经有助教的存在，但小学和中学尚未普及。未来的学校将越来越注重教师分工的细化，包括前期学生相关数据采集和指导团队等。这种分工上的细分是随着时间推移自然生成的，不需要刻意训练老师去实现。

在人工智能时代，最有价值、最值得培养和学习的技能是那些能够体现人的综合素质的技能。这些技能包括综合分析复杂系统的能力、基于情感与他人互动的能力等。因此，学校中的社团活动、班级氛围以及学生与班主任、任课老师的交流等都是机器无法替代的。此外，虽然机器可以教授学生原理性的知识，但很多原理性的东西需要通过实践去了解。

综上所述，人工智能技术在教育领域的应用正在改变着传统的教学方式，但学校的教育结构不会被颠覆，因为学校教育不仅要培养学生的知识技能，还要传授国家、社会使命感、责任感以及道德准则和思想修养等方面的知识，而这些知识需要通过实践和人际交流去实现，是机器无法替代的。

引进优质资源，培养优秀人才

近几年来，石景山区的教育事业蓬勃发展，教育优先发展观念逐渐深入人心，教育布局日趋优化，教育质量逐年提升，教育优质均衡发展成为主流，老百姓对身边的优质学校交口称赞，教育满意率不断提升。

一、教育的发展在多元，需要不断充实新的力量

近几年来，我区相继引进了多所优质品牌学校，对我区教育的整体提升起到了很大的作用。引进学校的做法各有不同，学校发展的结果也呈现多样化状态。各自学校的教育理念、教育质量、教育实践等确实值得进一步总结，形成经验，为我区教育后续进一步发展提供经验。

教育的发展，一定要博采众长，多样化发展，不能拘泥于一种模式。开放包容、加强交流、引进优质学校、挖掘内生优势、鼓励创新发展都是有效的模式。对于引进优质名校这一模式来说，最重要的是做到以下几点。

一是引进的学校切实优质，而不是贴牌的资源。近几年来，名校办分校风生水起，挂名的名校不少，其教育质量参差不齐。一般说来，在优质学校集群里，只有极少的学校是真的优质。所以我们要引进的是最优质的学校，而不是挂名的所谓的优质学校。对学校的考察须十分慎重。

二是要引进整体方案。优质学校的管理团队、师资团队、课程模式、育人经验、评价体系，都有其独特之处，并且是一个整体的系统。我们要引进的，一定是一套整体的系统，这样才能发挥最大的作用，在短期内

实现预期。而近年来全国各地引进外来资源不少，成果经验却鲜见，原因无非是要么引进的是伪优质，要么引进的只是优质校的某一局部，从而导致没有实现整体的成效。因此建议在引进之时，务必要全面评估，整体推进。

三是要起到引领作用。我们引进优质学校的目的，不仅仅是在本区域建立一所名校，而且要在办名校的过程中，不断学习名校的办学经验，不断发挥名校的引领作用，从而更好地提升区域教育发展水平，实现引进名校的最大效用。因此建议在引进名校之时，在学校办学条件、办学规模、政策支持等方面，对标本区的学校，力争实现名校可复制、可推广，让更多的民众享受名校的服务。

二、教育的关键在人才，加强校长和教师队伍建设

（一）校长队伍建设

校长是学校的领头人，其能力和素质是学校发展的基础。校长需要不断地学习、需要不断地思考、需要不断地实践、需要不断地交流，才能提高规划能力、领导能力和协调能力。

提高校长的学习能力。教育发展日新月异，教育变革无处不在，所以，校长一定要与时俱进，不断提升自己的学习能力。校长要从繁杂的事务中解放出来，一方面学习管理、课程、教育心理等理论知识，从书本中学习；另一方面参加高水平的培训、论坛，从专家和同行身上学习；同时还要走出去，深入考察别的学校的发展现状，结合本校的办学实际，从实践中学习。

赋予校长一定的自主权。学校的发展，需要校长的规划、思考和决策，需要校长不断地实践、优化、调整。学校的招生、用人，需要一定的自主权，这是学校发展的基础。近几年来，校长的办学自主权呼声日隆，而实际的情况却是越发收紧。对校长的权力加以约束是对的，但是校长的决策处处受制，学校的发展前景自然空间有限。

（二）教师队伍建设

百年大计，教育为本；教育大计，教师为本。教师承担着传播知识、

传播思想、传播真理的历史使命，肩负着塑造灵魂、塑造生命、塑造新人的时代重任。教师是教育发展的第一资源，是国家繁荣、民族振兴、人民幸福的重要基石。

教师不仅仅是春蚕和蜡烛，教师在成就学生的同时也在不断成就自己，教学相长，与学生共进步、同成长。下面以北京九中的做法为例，谈谈对教师队伍建设的思考。

学校鼓励教师自主制定生涯规划，并实施发展性评价，努力为广大教师提供各种外出学习交流提升的机会。

——对于骨干教师，学校以"特级教师工作室""学术委员会"为引领，搭建更大更高的成长平台，给他们充分展示才能的机会，让他们不断引领学科建设和其他教师，为学校做更大的贡献。

——对于资深教师、成熟教师，充分尊重教师的教学风格，给予更多的关注和支持，提供更多的机会和帮助，搭建更高更好的平台，让他们发挥更大的作用，不断提升他们的职业自豪感，增强凝聚力和向心力。

——对于青年教师，我们以"鸿鹄班"为抓手，明确给出他们成长的目标，指明成长方向，即"一年熟悉规范，二年胜任熟练，三年能挑重担，五年成为骨干"，同时研究青年教师们达成目标的路径。经过多年的打造，"鸿鹄培养项目"已经形成一套比较系统和完善的培养策略，被评为石景山区优秀基层党建工作创新项目，并荣获区"青年文明号"。

——对于干部，坚持德才兼备、以德为先的用人标准，完善干部培养、选拔、考核评价制度，定期进行中层以上干部在全校述职，教职工参与评价。大力培养青年后备人才，做好干部梯队建设，近年来向本区兄弟学校输送了近10名干部和4名特级教师，他们也已成为区域教育的中流砥柱。

学校重视沟通平台的建设，定期开展教师沙龙、九中讲坛等活动，增加师生之间的沟通；通过家长委员会、学校重大活动、校园开放日等，加强家校之间的协同共育；开展丰富多彩的培训和活动，提升教师的沟通水平和协调能力。

学校重视教师心理状态的调试，近年来不断引进教育学、心理学理论的培训，注重教职工心理健康教育，加强教师心理保健。同时学校为教师提供瑜伽教学、开展亲子活动等，努力营造温暖和谐的职业发展环境，以期教师更好地服务于学生的健康成长。

时代越是向前，知识和人才的重要性就越是突出，教育和教师的地位和作用就越是凸显。全面加强校长队伍和教师队伍建设是一项重大政治任务和根本性民生工程，意义重大，我们都有责任为之而努力。

求解"校长难当"：走好专业发展这条路

本文根据《教育家》2020年9月刊第二期，原标题《求解"校长难当"：走好专业发展这条路》的采访报道整理而成，主要探讨的议题为"校长专业发展难题"。

在2020年高考成绩公布后，部分南京一中学生家长曾聚集校门口，举牌要求校长辞职。姑且不论这一事件中校长是否应受到质疑，单就如今越来越多的校长表示"校长难当"这一现状来看，校长面临着专业发展的困境。

校长作为学校的最高行政负责人，不仅代表学校对外交往，还对内全面领导学校的教育教学、行政、后勤等各项工作。作为一个专门职业，校长的专业发展道路又如何实现呢？当前，校长专业发展存在哪些问题？是什么因素限制了校长的专业发展呢？

校长难当的原因很多，同时这也是掣肘校长专业发展的因素，一方面可以概括为工作多、责任大、成效慢——校长需要参加的会议很多，大事小情都要开会；学校中无论什么事，校长都是第一责任人，要承受方方面面的压力；在学校，成效快的事情必然伴有形式主义的风险，而校长真正脚踏实地去做的基础工作，一时半会儿又看不到成果。另一方面，于个体而言，每个人都有自己的短板，校长在专业发展上的局限与其性格、教育背景和思维方式有关。

很多校长都是在工作中逐渐成长起来的，并未接受过系统的专业发展训练。校长专业发展标准是几年前才制定的，在实际工作中推进的力度也并不大。对校长的评价可能更多来源于学校知名度、学生学业成绩等方面，并没有形成全面系统的评价体系，或者说即便有体系，执行得也不尽如人意。而现在各地实行的校长职级制，在很大程度上仍较为关注校长的资历。

新时代的教育，背景和环境都发生了很大的变化，必须有一大批既懂教育又讲规律还有远见的校长，来成就教育的未来。这既需要实践的积淀，也需要系统地培养。我参加过很多校长培训活动，现在的培训方式主要是专家讲座、现场参观、经验交流等，效果总体还可以，但有时候会出现培训内容和个体需求不符的情况。

长时间以来，我国的校长管理走的是教师管理系列，但教师是教育教学的专业人才，校长是学校管理的专业人才，两者既有联系又有区别。校长是学校发展的设计师，是教师发展的促进者，是学生成长的导师。校长和教师的最大区别是校长要从大局出发，考虑长远、协调当下，从整体上思考和推进学校各项事业的发展，而教师更关注具体的目标、显性的变化与眼前的进步。可以说，校长的专业性更多体现在学校文化的积淀、发展基础的夯实和机制制度的建设上。这种专业性，牵涉的领域更多样，学习的途径更多元，评价的难度也更大。

基于此，我认为校长专业发展最需要发展校长的教育视野，要培养校长的远见——对未来的人才需求有基本的判断，这样才能面向未来办教育，才能培养出适应未来发展的高素质人才。这需要校长对历史和现实有深入的调研，对未来的发展有深刻的思考，对人才的特征有清晰的认识。

全面育人·适应未来

践行有品位的教育，培养有品位的学生

——2014 年国内访学学习体会

2014 年，我校非常荣幸地参加了北京市"国内访学计划"。在国际学校学习了将近一年时间，在教育理念、学生发展、课程建设、文化设计等方面都颇有收获。北京九中的育人目标是：关注健康，尊重个性，培养勇于负责、善于学习的现代公民，我们认为，现代公民应该是有品位的，国际学校的很多理念与我校的育人目标是契合的。我们可以充分利用北京丰富的国际学校资源，学习这些学校在国际教育上的经验和优势，为践行有品位的教育，培养有品位的学生奠定基础。

一、学习先进理论，奠基品位教育

在国际学校，我们近距离接触许多国内外知名的专家，聆听他们的教育思想和教育感悟。他们的讲课内容不同、讲课风格迥异，但他们深厚的理论基础、娴熟的演讲技巧、丰富的教学案例、严谨的治学风范，都给我们留下了深刻的印象。

不同的国际学校的理念和育人方式不尽相同，但他们都在努力提升教育的品位，努力创造和谐的环境，努力提供丰富的课程，一切基于学生、一切为了学生。每一个成功的教育专家都有坚实的理论基础。这些都不断地提醒我们，唯有不断汲取各种养分，不断提高自身理论修养，才能站在教育的高地，奠基有品位的教育。

二、借鉴他山之石，感悟品位教育

学习期间，我们参观了几所有代表性的国际学校，感受到了有品位的教育在不同类型的学校之中的具体表现，深刻领悟到了只要努力去做，无论面对怎样的学校现状，都能做有品位的教育。

在北京顺义国际学校，我们注意到在他们的办学理念中，相信每一个人有内在学习的能力、内在的价值，要求每一个人为自己的行为负责，期待每一个人为社会提供正面的行为。学校建立了学业、体育、社会等多方面的平衡体制，平衡发展成了他们的特色。

在京西国际学校，学校的体育设施和剧场令人惊喜。学校有 3 个体育馆（小学、中学和高中各 1 个）、1 个 25 米长的游泳池、1 个健身中心、1 个田径场地（和橄榄球、足球和棒球共用）、5 个网球场、室内和室外的篮球场、攀岩场地，还有 3 个剧院、室内舞台、3 个图书馆，真正实现了"以学生为本"的教育理念。

在德威国际学校、在加拿大国际学校、在乐成国际学校，我们都深深体会到了国际学校注重学生全面发展，关注学生身心健康，努力办有品位的教育，努力培养有品位的学生。在耀中国际学校，我们还进行了为期四周的深度学习，我们系统了解了学校的管理机制，深入课堂调研课程和实践，清晰地感受到学校的深层理念，注意到学校的管理细节，真真切切地了解了国际学校的价值理念。这四周的学习，收获颇丰。

他山之石，可以攻玉。几所不同类型的国际学校的发展之路，都证明了学校要找准定位，努力开发适合学生的课程，精心设计、精细管理，潜心做有品位的教育。

三、思考教育真谛，设计品位教育

思想是行动的先导，有什么样的思想、目标，就会有什么样的行动、结果。我们更加清晰地认识到，学校的发展要有教育家的情怀，要心怀大局，富有激情。唯其如此，才能向有品位的教育迈进。在学习之余，我们也不断思考，如何才能学以致用，做有品位的教育？

经过一段时间的思考，我认为，做有品位的教育，需要系统思考，整体设计，全面推进。教育的品位是一个整体，是学校办学指导思想和办学理念、发展目标的综合体现，需要学校教育的各个方面密切配合，协调推进。学校教育的品位，依赖于学校管理者对教育真谛的理解，依赖于学校教师对教育质量的全面认识，依赖于学生对生涯规划的设计，依赖于学校各部门对教育服务的意识，依赖于学校核心价值观的弘扬与融合。品位是一种积淀，需要相当长时间的不懈努力。

开展有品位的教育，弘扬学校文化是核心。在北京九中的文化建设中，我们推崇厚重不失现代的学校文化、宽松不失精细的管理文化、严谨不失人文的制度文化、全面不失专长的学生文化、奉献不失提升的教师文化、自主不失引领的课堂文化。

四、推进教学改革，践行品位教育

学校教育品位的提高，离不开学校的教育教学工作。在课改如火如荼进行的今天，我们要潜心思考，系统设计，周密部署，践行有品位的教育。

我们要关注课堂教学，注重抓好课堂教学的每一个基本环节，不断改进常态教学。这包括要准确制定教学目标、科学调控教学流程等课堂教学的各个环节。在制定教学目标时我们要在研究学生实际和教材实际的基础上，将教学活动聚焦在有限的目标内，突出重点，抓住关键点，以点带面提高实效。灵活创设教学情境、选准"切入点"有序推进课堂教学、挖掘"生发点"促进课堂生成。

推进教改，践行有品位的教育，需要全体教育工作者努力拼搏、开拓创新。我们将紧紧围绕课堂教学这一中心，不断学习、不断实践、不断总结、不断创新，不断提高学校的教育教学质量，不断促进学校的发展，提升北京九中教育品牌，做有品位的教育，为区域社会经济发展提供优良的教育环境，并起到教育对社会建设的引领作用。

将近一年的学习，确实受用匪浅。学习是一件幸福的事，学以致用更是令人欣慰的事。让我们共同努力，不断学习，不断思考，努力实践，以广博的胸怀、深邃的境界、高远的目标，潜心做有品位的教育，培养有品位的学生。

培养适应未来的学生

一日在校园内偶遇一名学习不错的高三学生，我问他将来有什么打算？他说："这事要问我爸妈！"我顿时愕然。梁启超说：少年智则国智，少年富则国富，少年强则国强，少年独立则国独立。我不禁思考：学校的核心工作是什么？我们该培养怎样的孩子？

学校的核心工作自然是培养学生。传统教育注重学生扎实的基础知识和严格的行为规范，这些对于孩子的成长具有不可替代的作用，多年来我们已经在这方面取得了令人瞩目的成就。当然，这还不够，现代教育还要注重学生的自主发展，培养面向未来的学生。

我们要培养具有国家安全意识的学生。国泰则民安，"国泰"需要每个人的努力。无论孩子们将来从事怎样的工作，都要有保家卫国的抱负，有为国奋斗的精神，在科技、经济、生态、信息、社会、政治、文化诸多方面都建立国家安全防护墙。总之，每个行业每个人都要有国家意识，有国家战略思想。

我们要培养具有民族意识的学生。我们有优秀的传统文化，有五千年的灿烂文明。我们要弘扬民族的优秀文化，传播优秀的华夏文明。在今后的国际交往中，坚定文化自信，坚持文化表达，坚守文化内涵。我们要让全世界都了解中国的传统节日，都了解中国的生肖、节气，了解中国的中医文化，了解古典诗词的婉约豪放。

我们要培养具有生涯规划的学生。要让学生知道自己的特点，了解自己的特长，明确自己的目标。我们可以让学生熟悉各种职业的基本情况，教育学生无论将来从事什么行业，都要做好本职工作，要尊重行业的道德要求、尊重行业的标准，并努力成为行业的领先者。

我们要培养具有创新精神和实践能力的学生。要教育学生尊重原创劳动，鼓励学生动手实践、创造发明。要培养学生的人文精神、科学精神和艺术品位，鼓励学生做有理想有抱负、有胆识有担当、有修养有品位的人。

总之，我们要培养适应未来的学生，培养具有可持续发展能力的学生。要培养学生的自主管理能力、自我反思能力、自主学习能力、自我评价能力，以及哲学思考能力，让学生成为善于独立思考、善于发现规律、善于洞察趋势的综合人才。我们要在课程建设方面，投入更多的资源，设计更多的活动，培养适应未来的学生。

培养有抱负、有担当、有品位的现代公民

    北京九中于 1946 年建校，1978 年被确定为市重点中学，2002 年被认定为北京市高中示范校。70 多年来，九中形成了自己的办学优势与特色：历史悠久，环境一流，文、体、科技特色突出，教师队伍精良，教学质量上乘。

    北京九中的办学指导思想是"全人教育"，首先是人之为人的教育，其次是传授知识的教育，最后是和谐发展心智，以形成健全人格的教育。九中以"树立民主意识，建立和谐团队，倡导自主发展"为原则，努力实现各种资源的整合，尊重个性、尊重多元，培养整体发展、身心俱健的全人。

    学校的育人目标是："关注健康、尊重个性，培养勇于负责、善于学习的现代公民。"现代公民的培养，需要学校以丰富的课程来实现。经过认真的思考、实践与反思，我们认为可以通过几类课程来培养学生的素质，奠定现代公民的基础。

    课程是学校教育的核心载体。近年来，九中紧紧抓住高中特色建设的契机，开展以"全人教育"为特色的学校课程建设实践，努力挖掘各类课程特色，致力于国家课程的科学落实、地方课程的创新实践、校本课程的品牌建设；在课程执行方面，注重国家课程的科学化、地方课程的主题化、校本课程的品牌化、个性课程的专业化。

一、以家国情怀课程，培养有抱负的现代公民

九中的校标中，有形如数字"9"的图案。在中国，"9"为大数，"天地之至数，始于一，终于九焉"（《素问》）。"9"的含义，赋予了九中一种使命，那就是立足高处，立意高远，努力培养富有爱国情怀、敬业垂范、明礼诚信、团结友善等优秀品质的卓越公民。

作为卓越的现代公民，首先要有爱国情怀。我们通过中国历史、地理等国家课程，培养学生的爱国精神；通过模拟联合国课程的学习，激发学生的奋斗热情；通过生涯规划等课程，奠定学生的能力基础；通过国家安全教育等课程，展现学生的家国情怀。

现代公民将是世界公民，他们与世界的距离是如此之近。他们要心怀祖国，放眼世界，既要尊重和理解国外的优秀文化，也要弘扬和传播中国的传统文化。为此，学校把"游学课程"作为现代公民教育的重要内容，通过"行走中国"，每年组织大家到国内文化积淀深厚的地区，探寻中华优秀传统文化的根源，汲取中华优秀传统文化的营养，在文化中熏陶，在文化中积淀，在文化中砥砺前行。学校通过"游学世界"，每年组织学生到英国、美国、德国等国家，在与国外同龄人的交流中，增进彼此的了解和友谊，感受不同的文化，培养国际视野。学生在学习外国优秀青少年的优点的同时，展现中国当代青少年的风采，传播博大精深的中华先进文化，弘扬源远流长的中华传统美德。

模拟联合国课程为学生们打开一扇窗，提供了一个让大家关心世界，用国际眼光来思考问题、讨论问题的舞台。九中学生在模联大会上的出色表现，离不开学校"全人教育"理念——注重培养学生独立思考、解决实际问题的能力，培养学生成为有远大抱负、正确的价值观的公民。

在综合实践课程中，学校以周边四大景区（法海寺、冰川擦痕、承恩寺、田义墓）及模式口古街传统文化为切入点，综合开发，整体推进，不断拓展课程资源，不断丰富综合实践活动，引导学生关注身边的环境与生态，培养可持续发展的意识。我们组织全校学生分组参观四个景点，从身边的课程着手，促进学生了解区域历史文化知识，增强文化认同感，提高

可持续学习能力。

九中以"传统节日进校园"活动为重点，开发了系列校本课程，突出中华优秀传统文化的传承与发扬以及地域文化的发展，从而在文化领域把可持续发展理念融入学生的日常课程之中，融入学生的日常行为之中。目前对传统节日的开发已经形成了春节、清明节、端午节、七夕节、中秋节、重阳节等一系列课程，并在相应节日期间开展学科教学与节日文化展示相结合的活动，在校园内建立了节日文化宣传走廊，从文化传承中挖掘可持续发展的内涵。

通过各类课程，着力引导青少年学生深刻认识中国梦是每个人的梦，学生应以祖国的繁荣为最大的光荣，以国家的衰落为最大的耻辱，增强国家认同，培养爱国情感，树立民族自信，形成为实现中华民族伟大复兴的中国梦而不懈努力的共同理想追求，培养青少年学生做有自信、懂自尊、能自强的中国人。

二、以社会关爱课程，培养有担当的现代公民

九中的校训为"砺身、砺志、博爱、博学"，我们明白，身须磨砺：砺身，方有体形体态之健美，体质体格之强壮；志须砥砺：砺志，方能开发潜质、追求卓越，并塑造人格，完善品德；爱应广博：博爱，是人生的大悲悯、大关怀，仁爱无限，唯有宽容平和，海纳百川；学应渊博：博学，是智慧的高目标、高境界，治学无限，唯有孜孜以求，锲而不舍。

九中通过信息素养课程，培养"数字公民"。现代公民要适应数字化生存，要有高尚的信息道德、较强的信息理解与分析能力、积极的信息共享与交流合作能力、主动运用信息技术解决问题的意识与能力、数字化思考实现创造与创新的能力等。在信息素养中，信息道德是至关重要的。信息道德包括信息道德的主观方面和信息道德的客观方面。前者指人类个体在信息活动中以心理活动形式表现出来的道德观念、情感、行为和品质，如对信息劳动的价值认同，对非法窃取他人信息成果的鄙视等，即个人信息道德；后者指社会信息活动中人与人之间的关系以及反映这种关系的行为准则与规范，如扬善抑恶、权利义务、契约精神等，即社会信息道德。

　　九中通过可持续发展教育课程，培养学生的可持续发展价值观、可持续学习能力、可持续发展生活方式。可持续发展的核心是充分发挥学生的主体性，提倡学生自主学习、自觉发展、学会生存、学会创造，使学生在借助一定的教育教学环境和能动的、积极的教育实践活动，形成其自我获取、自我构建、自我发展、自我超越的精神力量。十余年来，我校先后被批准为联合国教科文组织环境人口与可持续发展教育项目实验学校，被授予"教育促进可持续发展"创新奖，成为首批全国"可持续发展教育示范校"、全国"节能减排与可持续发展学校——社会行动项目示范校"，2013年获得"中国可持续发展教育项目"创新奖。

　　九中通过志愿服务课程，培养学生关爱社会、服务他人的意识，培养学生尊重自然、奉献社会的意识，培养学生从小事做起、从身边做起的意识，充分发挥高中生的智慧、热情和能力，使我们的社会更加和谐、更加友善。学校引导学生关注社会，投身公益，举办为灾区义卖活动，到寿山福海养老院和社区养老院为老人送温暖，到模式口社区进行义务劳动。九中学子主动救助路边跌倒老人，受到社区居民高度评价。

　　九中还开展日常行为规范、生命教育等课程，培养学生的公民素养，提高他们的处事能力。学校开展以仁爱共济、立己达人为重点的社会关爱教育，着力引导学生正确处理个人与他人、个人与社会、个人与自然的关系，学会心存善念、理解他人、尊老爱幼、扶残济困、关心社会、尊重自然，培育集体主义精神和生态文明意识，形成乐于奉献、热心公益慈善的良好风尚，培养学生做高素养、讲文明、有爱心的中国人。

三、以人格修养课程，培养有品位的现代公民

　　现代公民要有品位、有内涵、有气质、有韵味。我们努力培养有品位的现代公民，使他们善良宽容，有爱心，有责任感，有同情心，有正义感，有尊严感；使他们机智幽默，沉稳而不失风度；使他们勇敢刚毅，做事执着，胸怀大志，洒脱豪放；使他们个性鲜明，坦坦荡荡，独立自主，意志刚强，淡定自信。

　　现代公民既要有强健的体魄，又要有强大的心理。既要有每天锻炼一

小时的习惯，也要有至少一项能伴随终身的体育特长。作为现代公民，要能适应学习、生活、交往中的各种压力，有积极向上的心态和自我调节心理的能力，同时要有努力为祖国健康工作 50 年的情怀。

现代公民既要有高尚的审美情操，又要有健康的审美情趣。不仅要能理解美，欣赏美，还要能发现美，创造美。通过审美课程，实现科学求真求美，人文求善求美，艺术求新求美。

九中通过社团课程和选修课程，帮助学生养成健康的生活习惯，帮助学生提高人际交往能力，使学生在社团中充分发挥自己的特长和爱好，找到志同道合的伙伴，追求完美的人生。

九中通过创新课程和研究性学习课程，鼓励学生在实践中发现问题、解决问题，鼓励学生创新思维、创造发明，鼓励学生大胆猜想、小心求证，鼓励学生刻苦钻研、科学研究。

九中通过人格修养课程，培养具有高尚的思想、高贵的品质、高雅的品位的现代公民，使他们具有强健的体魄、健全的人格和高雅的格调，做一个积极、阳光、平和、幸福的公民。人格修养教育以正心笃志、崇德弘毅为重点，着力引导学生明辨是非、遵纪守法、坚韧豁达、奋发向上，自觉弘扬中华民族优秀道德思想，形成良好的道德品质和行为习惯，培养学生做知荣辱、守诚信、敢创新的中国人。

在专长课程中，发展学生在学科、科技和文体等方面的专长，实现专业水准。学校建立了成熟、完备的特长生培养制度，为具有不同爱好的学生提供了成才的沃土，金帆舞蹈团、艺术体操队、高水平运动队均为全国领先的学生团体，经常参加国内外重要比赛与交流。在比赛和交流活动中，同学们陶冶了情操、开阔了眼界，传播了中华文明、展现了中国首都学生的良好风貌。学校美育蓬勃开展，艺术教育种类多样，学生参与率高。每年九中的艺术节，同学们通过蓬勃开展的艺术教育活动，提高了艺术欣赏力与表现力。学校被评为国家级体育传统项目学校、全国学校艺术教育先进单位。

在教育系统中，课程始终居于核心位置——教师为落实课程而教，学生为掌握课程而学，领导为优化课程而管理，社会为促进课程而评价。随着课程改革的逐步深入，学校通过课堂教学改革，激发学生学习兴趣，增强学生学习主动性，提高课堂教学的实效性。我们深知课堂教学质量是学校办学水平的重要衡量尺度，一直以来都致力于课堂教学改革。通过丰富的课程建设与实施，突出北京九中的特色，关注学生的身心健康，尊重学生的自主选择，真正培养勇于负责、善于学习的现代公民，实现"培养身心健康、人格健全、学有所长、和谐发展的全人"的宗旨。

五育并举，继往开来

　　自古以来，培养全面发展的学生，一直是教育工作者的追求与梦想。在我国古代的经典文献中，蕴藏着丰富的育人思想，体现了对学生德智体美劳诸多方面的全面培养。

　　德育，是培养学生正确的人生观、价值观，培养学生具有良好的道德品质和正确的政治观念，培养学生形成正确的思想方法的教育。中国古代一直推崇以德为先。"太上有立德，其次有立功，其次有立言，虽久不废，此之谓不朽。""士不可以不弘毅，任重而道远。""君子务本，本立而道生。""子曰：朝闻道，夕死可矣。"这些话，说的都是同一个道理。

　　智育，是授予学生系统的科学文化知识、技能，发展他们的智力和与学习有关的非智力因素的教育。《学记》系统和全面地介绍了中国先秦时期的教育思想，如"故君子之教，喻也。道而弗牵，强而弗抑，开而弗达"，便将启发式教学思想的精髓和学生主体地位与教师主导作用的辩证关系说得十分透彻，与孔子说的"不愤不启，不悱不发"有异曲同工之妙。

　　体育，是授予学生与健康相关的知识、技能，发展他们的体力，增强他们的体质，培养他们的意志力的教育。《诗经》中有很多关于古代体育的描述，如《齐风·卢令》讲述的是一个女子眼中的射手的形象——体格健壮、足智多谋、技艺超群；《秦风·驷驖》更是将人、马、车和谐统一的场面展现在了我们面前；《诗经》中所描述的各种远古时期的体育意象，传递出古人的生活方式、生活态度和体育精神。

　　美育，是培养学生的审美观，发展他们鉴赏美、创造美的能力，培养他们的高尚情操和文明素质的教育。美，"兴于诗，立于礼，成于乐"，孔子认为诗书礼乐是美育的最重要途径。我们耳熟能详的诸子百家、唐诗宋词、高山流水、霓裳羽衣曲、春江花月夜、胡笳十八拍等，无论是登峰造极的古典文学，还是传诵至今的音乐、绘画、舞蹈等艺术形式，都是中国传统艺术的瑰宝，在理论与实践上都对当今的美育具有极强的指导意义。

劳育，是培养学生劳动观念和劳动技能的教育。墨子主张"述作结合"，意思是说，古代优秀的东西应当继承下来，当今优秀的东西应当努力创作发明。这既反映了墨子对待传统文化遗产的正确态度，也体现了他注重创造的教育方法论。墨子不仅教育弟子要努力掌握一定的生产技术和技能技巧，他本人也从事生产劳动，并有高超技艺。墨子的思想与当今注重培养学生的劳动观念、劳动态度、劳动技能和劳动习惯的观念是十分契合的。

教育进入了新时代，我们仍然要坚持立德树人根本任务，继往开来实现德智体美劳五育并举，进而成就学生的美好未来。

在古典中浸润，在现实中激扬

中国有 5000 余年的文明史，留下了许许多多脍炙人口的作品。作为中学生，要为之自豪，要主动去了解经典、传承优秀的文化。见贤思齐，这是历史的选择，也是时代的需要。

我们的古典文学中，蕴含着中华文化的瑰宝。"仁义礼智信、温良恭俭让、忠勇孝悌廉"，为我们描绘了古代士子的道德追求、做人标准和为官之道，我们要以此为鉴，正心、修身、齐家、治国、平天下；经史子集、诸子百家里蕴藏着中国先哲的无穷智慧，我们要读圣贤书、立少年志、圆中国梦；"礼、乐、射、御、书、数"六艺，为我们树立了全面发展的标准和典范，我们要"砺身砺志，博爱博学"，做"与天不老、与国无疆"的阳光少年。

现今国家大力弘扬的社会主义核心价值观，既是对传统的继承，也是基于现实的新发展。我们要做"先天下之忧而忧，后天下之乐而乐"的人，要有为建设"富强、民主、文明、和谐"的国家而鞠躬尽瘁的远大抱负，有为创造"自由、平等、公正、法治"的社会而不懈奋斗的责任担当；我们要有"勿以恶小而为之，勿以善小而不为"的法治和道义精神；我们要有"穷则独善其身，达则兼济天下"的修养品位和家国情怀，践行"爱国、敬业、诚信、友善"，做遵守社会公德、职业道德、家庭美德和个人品德的优秀现代公民。

在古典中浸润，在现实中激扬！来吧，让我们品读经典，传承文明，做有抱负、有担当、有品位的九中学子。

在游学中砥砺情操，在文化中积淀自信

"读万卷书，行万里路"，是中国传承至今家喻户晓的教育古训。2000多年前，孔子率领众弟子周游列国，增进弟子的学识，培养弟子的品质，开阔弟子的眼界。李白、苏轼、徐霞客，无不饱览祖国名山大川，无不心中充满爱国情怀。

北京九中的育人目标是"关注健康，尊重个性，培养勇于负责、善于学习的现代公民"。我们与世界的距离是如此之近，现代公民必然是世界公民，我们要心怀祖国，放眼世界，既要尊重和理解国外的优秀文化，也要弘扬和传播中国的传统文化。

为此，学校把"游学课程"作为现代公民教育的重要内容，通过"行走中国"，每年组织大家到国内文化积淀深厚的地区，探寻中华优秀传统文化的根源，汲取中华优秀传统文化的营养，在文化中熏陶，在文化中积淀，在文化中砥砺前行。学校通过"游学世界"，每年组织大家到英国、美国、德国等国家，在与国外同龄人的交流中，增进彼此的了解和友谊，感受不同的文化，培养国际视野。学生在学习外国优秀青少年的优点的同时，展现中国当代青少年的风采，传播博大精深的中华先进文化，弘扬源远流长的中华传统美德。

文化是一种传承，文化是一种感悟，文化是民族的血脉和灵魂。期待九中学子在游学课程中，传承中华优秀文化，传播中华优秀文化，不断增强文化自觉和文化自信，不断丰富文化内涵和文化精神，昂首做有抱负、有担当、有品位的现代公民。

学习是幸福的

——新学期寄语

春暖花开，我们又相聚在一起，学习、生活、追求理想。

学习是一件幸福的事。培根那段广为流传的名言值得人们反复回味："读史使人明智，读诗使人灵秀，数学使人周密，科学使人深刻，伦理学使人庄重，逻辑修辞之学使人善辩。凡有所学皆成性格。"试想，因为学习，人明智了、灵秀了、周密了、深刻了、庄重了、善辩了，这是何其幸福之事！

把学习看作乐趣，看作幸福的事，乐在其中，享受其中，那么，在学习之旅，就能欣赏到无限美好的风景！即使不慎摔倒，你也会从中吸取教训，获得启迪，为以后的成功奠定良好的基础！

学习时光是幸福的。在学习过程中，有老师和同学的陪伴，有家长和社会的关心，有很好的学习条件和设施。人生难免遇到烦恼和挫折，来自各方面的压力偶尔也会让你沮丧，但请你记得周围有关心你的老师、同学和朋友，彼此多一点理解，多一点鼓励，多一点宽容，多一点合作，多一点沟通，多一点微笑，快乐的感觉和真诚的友情便能常伴左右，在九中的每一天都如同一段美的旋律。

学习过程是幸福的。论语中，孔子这样赞美颜回："一箪食，一瓢饮，在陋巷，人不堪其忧，回也不改其乐。贤哉，回也！"可见，在孔子眼里，能够以读书为乐，本身就是一种"贤"。"不积跬步，无以至千里""不积小流，无以成江海"。一切的成功要从现在的点滴小事做起，要从现在的努力开始。让我们以更为迅捷的行动，更为高昂的斗志，投身到多姿多彩的校园文化生活中，学会做人，学会学习，学会生存，学会合作，学会关心，努力成为一名德智体美劳全面发展的中学生。年轻的我们怀抱着青春的理想，承载着父辈殷切的期望，凝聚着师长的心血，维系着民族的未来。我们一定要努力学习，成为贤能的人，成为幸福的人。

俞敏洪说过，我们人的生活有两种方式，一种是像草一样活着，一种是像树一样活着。当你长成参天大树以后，遥远的地方，人们就能看到你，走近你，你能给人一片绿色，一片阴凉，你能帮助别人，即使人们离开你以后回头一看，你依然是地平线上一道美丽的风景线。树，活着是美丽的风景，死了依然是栋梁之材，无论生死都有用，这就是我们每一个同学做人的标准和成长的标准。如果我们都能成为一棵大树，那将是多么幸福的事情。

在新的学期，让我们志存高远追求卓越，做一个素质高的九中人；让我们刻苦学习全面发展，做一个能力强的九中人；让我们发展内涵丰富人格，做一个文明的九中人；让我们内外兼修持续进步，做一个幸福的九中人。

最后，以哈佛大学的一句校训与大家共勉：This moment will nap, you will have a dream; But this moment study, you will interpret a dream. 此刻打盹，你将做梦；而此刻学习，你将圆梦。

舞动的精灵，美的使者

　　北京九中有一张傲人的名片，那就是成立于 1987 年的金帆舞蹈团。一直以来，在九中几代舞蹈教师的不懈努力下，金帆舞蹈团承担各项演出、比赛、交流任务，取得了一项又一项骄人的成绩，培养了一批又一批出色的学生，为学校赢得了一个又一个荣誉。

　　博雅向美，是九中精神的重要内容。金帆舞蹈团的孩子们，用一个个优美的动作，一段段悠扬的旋律，一张张灿烂的笑脸，诠释着美的含义。每一个动作的背后，是一遍遍的刻苦训练；每一段旋律的背后，是一次次的排练磨合；每一张笑脸的背后，是一处处的刻骨伤痛。然而，这些舞动的精灵，展示在众人面前时，永远是那么自信，那么阳光，那么美丽。

　　舞蹈团的精灵们，因为有了你们，更多的人理解了舞蹈的内涵，懂得了欣赏；因为有了你们，更多的人清楚了金帆的意义，认识了艺术；因为有了你们，更多的人知道了教育的力量，选择了九中。你们是舞蹈的使者，你们是艺术的使者，你们是美的使者，发现美、创造美、传递美，让九中处处充满美。

　　九中金帆舞蹈团，已扬起金色风帆，正驶向成材彼岸。

博雅向美

——南欧之行，艺术之旅

70 余年来，经过一代又一代人的不懈奋斗，九中形成了自己的文化，凝练成了九中精神："博学向上、博爱向善、博雅向美"，意为九中人要肩负国家使命，承担社会责任，追求人生幸福。为此，学校开发了丰富的课程，促进学生的成长。

2016 年暑假，学校组织了部分学生的"南欧之旅"，希望孩子们通过亲临欧洲著名的艺术圣地，感受浓厚的艺术氛围，体会经典的艺术传统，追寻独特的艺术魅力，提升自己的艺术品位。可以说，南欧之行，是艺术之行，是唯美之旅。

在罗马，你们欣赏了雄浑庄重的建筑、风格多样的雕塑，感悟帝国的兴衰和历史的变迁；在佛罗伦萨，你们聆听了文艺复兴的倾诉，与米开朗基罗无声对话；在威尼斯，你们感受了水城的风情，欣赏了建筑、绘画、雕塑、歌剧之神韵；在米兰，你们与时尚面对面，与大教堂亲密接触，感受到非同一般的艺术魅力；在阿尔卑斯山，你们看到了山的巍峨，体会到了沉静的力量；在普罗旺斯，你们欣赏了薰衣草的紫色海洋，感受了与众不同的浪漫气息；在巴塞罗那，你们享受了宜人的气候与旖旎的风光，体会了音乐的美妙与足球的激情；在朗格多克，你们看到了穿越传统和现代的农庄，看到了传统工艺的精美和坚守……

每一个地点都是一阕诗，每一个场所都是一幅画，每一段经历都是一首歌。我要说，这个暑假，你们游历了，你们感受了，你们丰富了，你们提升了，你们——值了！

孩子与生命的对话

北京九中是一个有着深厚文化底蕴的学校，厚重的文化底蕴需要通过优秀的校园刊物来传承，我们很欣慰地看到，继《小荷才露尖尖角》《花骨朵》之后，《新桐初引》成功问世，并且得到了广大师生的喜爱和好评。

很多同学觉得自己写不出好文章是技巧问题，其实不然，真正的原因是缺乏对生命的爱，缺乏对生活的感悟。爱写作的人会非常注意生活中有生命的东西，生命不仅仅指人的生命，动物、植物、微生物乃至宇宙万物都有生命。在生活中，你随意散步时，要注意路上有什么生命，当你细心观察生命、感悟生命、热爱生命的时候，你便有了对生命的认识，对生活的思考，于是便会文思泉涌……

《新桐初引》中的一篇篇文章，就是孩子们对生命的热爱、对生活的感悟。他们渴望将自己的爱与感悟与读者交流、分享。虽然有些感悟略显青涩，但充满了生命的生机与活力。篇篇文章都是孩子们认真思考的成果，宛如一望无垠的麦田，只不过每一位小作者收割、加工、包装小麦的方式各不相同罢了，所以当你读每一位同学的文章时都会有完全不同的感受。希望这些文章能够激发更多同学写作的热情，打造出更多的明日之星。

最后，衷心感谢同学们的思考和投入，感谢老师们的培育和引领。九中文化将在这种投入与引领中不断传承……

从传统文化看学生的必备品格

在中国的传统文化里，仁义礼智信人所共知，谓之"儒家五常"。几千年来，儒家五常一直贯穿于中华伦理的发展中，是士族先贤们推崇的传统美德，是中华优秀传统文化的代表元素，以及中国价值体系中的核心因素。

近几年来，社会更加关注学生的全面发展，关注学生发展的核心素养，主要是指关注学生应具备的，能够适应终身发展和社会发展需要的必备品格和关键能力。对于必备品格，笔者将其理解为品性和风格，它是一个人的基本素质，决定了这个人回应人生处境的模式。新时代学生的必备品格到底是什么？从传统文化看，我认为"仁义礼智信"当之无愧。当然，我们要对这五个字进行时代的解读。

仁，是学生的精神家园。学生要有理想信念，要有思想追求，要有为国家为民族努力奋斗的决心和意志。社会主义核心价值观完美地解释了"仁"的时代含义。

义，是学生的社会责任。现代社会的公平正义、公序良俗，离不开学生的责任担当。新时代的学生，肩负着国家建设和社会发展的光荣使命，成为社会主义建设者和接班人是学生义不容辞的责任。

礼，是学生的文明修养。讲究礼仪是一个国家社会风气的现实反映，是一个民族精神文明进步的重要标志。我国几千年来形成了高尚的道德准则、完整的礼仪规范。学生的礼仪传承，也是对"文明古国，礼仪之邦"的一种礼敬。

智，是学生的学业成就。国家的发展、社会的进步，离不开科学的发展和文化的繁荣。学生要学好本领，要在学习中形成自己的关键能力，要依靠自己的智慧和创造，让更多的人过上更美好的生活，努力实现中华民族的伟大复兴。

信，是学生的道德水平。中国历来重视个人的道德修养，"物有本末、事有终始"，作为学生，一切都要从提升个人的品德做起，诚信为本，做遵守社会公德、职业道德、家庭美德和个人品德的优秀现代公民。

教育要为未来培养人才。面向未来的教育，自然要关注学生的未来发展。我们以新时代的"仁义礼智信"，精准刻画新时代学生的必备品格，培养德智体美劳全面发展的时代新人，为国家和民族的未来奠基。

今日踏歌去，遨游天地间

——写给 2019 届高三毕业生

每到毕业季，总是又欣慰，又有点不舍。总想和毕业的学生说几句，又不知从何说起。又到六月，斟酌良久，还是说几句吧！

三年来，你们矢志不渝、发奋攻读、遨游学海、攀登书山，在前进的道路上留下了一步步坚实的脚印。三年来，在老师们的耐心指导下，同学们勤奋、刻苦、进取、向上，从少年走向成年、从稚嫩走向成熟。作为校长，我很欣慰看到大家在九中的成长和变化，也很骄傲看到大家长大成人。

成人，意味着责任。当你们举起右手，向祖国、向人民、向父母、向老师发出成人誓言时，意味着你们将以中华人民共和国公民的名义，去享受宪法和法律所赋予的全部权利，承担宪法和法律所要求的全部义务，你们身上有对社会的责任，有对家庭的责任，更有对自己的责任。因此，请牢记"责任"二字。

成人，意味着诚信。人无信不立，诚实守信不仅仅是一种品德，更是一种实力和信心！苏联作家高尔基说："走正直诚实的生活道路，必定会有一个问心无愧的归宿。"塑造崇高的人格魅力，需从点滴做起，培养美好的品德，完善自我，立足社会。请牢记"诚信"二字。

成人，意味着坚强。人的一生是漫长的，我们在享受生活的同时，也伴随着艰辛与挫折。面对困境，就像挖一条隧道，只有挖开最后一锹土，才能见到光明。所以，无论遇到什么样的困难，请同学们牢记"坚强"二字。

三年前的典礼叫开学，三年后的典礼却是毕业。毕业，意味着站在新的起点；离开，意味着新的启航。九中已经变成你们的母校，在你们即将走向新的人生征途时，我还想嘱咐几句：

首先，希望你们学会感恩。心存感恩使你们成熟，勇于担当助你们飞翔。要感激父母的养育之恩，是他们含辛茹苦支撑你们走完三年高中生活。要感怀老师的培育之心，是他们教给你们知识，培养你们做人，引导你们做事。要感谢亲朋好友的帮扶之情，是他们的关心，帮助你们战胜困难、渡过难关。从今以后，你们要对自己、对家庭、对他人、对社会、对国家敢于担当，勇于负责。

其次，希望你们追求理想。青年理想远大、信念坚定，是一个国家、一个民族无坚不摧的前进动力。正所谓"立志而圣则圣矣，立志而贤则贤矣"，未来人生路，相信大家的人生目标会有不同，职业选择也有差异，但只有把自己的小我融入祖国的大我、人民的大我之中，与时代同步伐、与人民共命运，才能更好实现人生价值、升华人生境界。

最后，希望你们追求幸福。同学们，人生旅途中，不会永远是鲜花铺路，也会有道路泥泞，暴雨如注，但不管何时，我都希望幸福和快乐永远伴随着你们。我们要把人生的每一次困难都当作一笔难得的财富，笑对困难，感恩生活，倘若你觉得世界可爱，那你也就可爱了。

古道长亭，终有一别。聚之不易，散之有情。同学们，大胆前行吧，走向祖国的大江南北，带着父母的鼓励，带着老师的期待，带着九中人的精神！希望"砺身、砺志、博爱、博学"成为你们未来前进的动力，希望"博学向上、博爱向善、博雅向美"成为你们终生追求的目标。今日踏歌去，遨游天地间。母校会永远关注着你们，母校会永远惦记着你们，母校会永远祝福着你们。美好的未来定将属于你们，九中的明天也将以你们为荣！

校园新食尚

——小餐盘中有乾坤

习近平总书记一直高度重视粮食安全和提倡"厉行节约、反对浪费"的社会风尚，多次强调要制止餐饮浪费行为。开学后，北京九中师生响应总书记的号召，从学校的餐桌入手，多管齐下，减少餐桌上的浪费，努力营造爱惜粮食、节约资源的氛围，上好开学第一课。

首先，学校食堂不断深挖潜力，提供更多的品类，给学生更多的选择，让学生根据自己的口味、饭量，主动选择爱吃的适量餐食，从源头上减少浪费。

其次，加强氛围营造，在校园、教室，加强文明习惯宣传，营造绿色校园、节约资源的大环境；在学生食堂，推进光盘行动，营造节约粮食、减少浪费的氛围，形成温馨、积极的就餐环境；在班校会上，大家共同学习国家粮食安全的重要性，共同宣扬节约美德，形成为可持续发展尽心尽力的共识。

再次，家校协同，共同营造餐桌上的文明。家长是学生最直接的榜样，家校育人目标一致、育人行动一致、育人理念一致，才能形成更大的合力。很多好的餐桌习惯、餐桌文明，都是和家人一起养成的。社会公德和家庭美德相辅相成，共同形成学生的个人美德。

最后，在学校课程中，融入中国传统文化教育，尤其是节约、修身、尊重他人劳动等方面，真正让学生懂得节约不仅是自己的事，更事关家国大事；减少浪费不仅仅是举手之劳，还关乎国家的长治久安；减少餐桌上的浪费，不仅仅是良好习惯，也是对他人、对社会的最大尊重。

　　小餐盘中有乾坤，只要有心，哪里都是教育资源，哪里都在无声地育人。

课
程
改
革
·
勇
立
潮
头

三度课堂：营造有高度、有深度和有热度的课堂

课堂作为学校教育的主渠道，起着无可替代的重要作用。课堂是学生学习的场所，教师要运用自己的智慧和创造力，把课堂营造成生动活泼的学习乐园。而目前的课堂，考试指向过于明显，技能培养过于热衷，学生主体过于形式。要改变现状，一定要营造立意有高度、思维有深度、活动有热度的新课堂。

一、课堂的立意有高度

课堂的立意，体现在教师的育人观、人才观、价值观，体现在教师对学科本质和教材体系的全面深刻的理解。在以往的课堂中，我们过于注重学生知识的积累、技巧的提升，过于关注学生学业成绩的高低，过于追求显性的功利性的东西。课堂上，我们更要关注学生的实际获得，更要培养学生尊重学习规律和科学规律的意识，更要关注学生的学习路径、学习体验和学习强度，让学生能在相对宽松和谐的氛围中自然地学习，这也正是我们所追求的学生的核心素养吧！

一堂好课，并不在于教师如何展示自己精湛的学科功底和教学水准，不在于精巧的设计和师生密切的配合，也不仅仅是紧扣时代潮流或者联系学生的生活实际。"大学之道，在明明德，在亲民，在止于至善。"课堂的更高立意，自然应着眼于人的发展，使其明白做人的道理，使其养成反思与创新的习惯，使其不断追求美好的事物。

孔子登泰山而小天下，课堂的立意高了，培养什么样的人的问题就解

决了，学生的学业成绩、学科素养等以往显性的追求自然也会达成。

二、课堂的思维有深度

课堂是师生双边甚至多边交流的场所，而思维的交流占据重要地位。我们经常听到有老师说我的学生水平不行，讲到这个程度就行了；我们也经常看到教师在课堂上提出问题后，马上让学生展开讨论，并且留的时间很短；我们还经常见到课堂上老师为了完成教学进度，而"剥夺"了学生发表不同意见的机会。我们课堂上的深层思维交流实在太少了！这样一来，学生的思维是碎片化的，他们缺少思维的逻辑性、连续性，缺少思维的深刻性、灵活性，缺少思维的批判性、独创性，概括之就是思维水平较为肤浅，思维习惯趋于浮躁，思维品质缺失严重，思维能力堪忧。

在课堂上，教师不仅要培养学生良好的思维习惯和思维品质，而且要努力呵护不同思维激烈碰撞、新的思维不断生成的课堂生态，还要"刻意"营造一种充满不可控因素和不确定性的课堂，这样的课堂才是充满魅力的。只有这样，才能体现课堂上思维的深度建构，培养勤于思考、善于思考、敢于思考的年轻一代。可以这么说，课堂上思维的深度，映射了教师的学术厚度。而我们平常所说的深入浅出，恐怕就是这个意思吧！

"成功的教师之所以成功，是因为把课教活了。"课堂的思维有深度，才能让更多的学生达到"愤""悱"的状态，才能让课堂真正活起来。

三、课堂的活动有热度

学生是课堂的主人，课堂上要设计各种活动，体现学生的主体参与。学生参与活动的积极性、主动性，是评价课堂的重要指标。

课堂活动应如一首交响曲，时而如快板，学生在活跃的气氛中，迅速地进入教师精心设计的情境；时而如慢板，在教师的引导下，学生安静地思考，平和地沟通；时而如小步舞曲，学生激情地辩驳，智慧地答问；时而如终章，学生既惊叹别人见解的高明，又享受自己成功的喜悦。教师应如指挥家，调控着活动，使之或舒缓或激越或深沉或高昂。这样，课堂活动便有了力度，有了波澜，有了意境，有了激情，这便是课堂活动的热度。

"教育就是一棵树摇动另一棵树，一朵云推动另一朵云，一个灵魂唤醒另一个灵魂。"活动有热度的课堂，才是充满活力的课堂，才是充满智慧的课堂，才是充满人文精神的课堂，才是学生身心成长的课堂。

"众里寻他千百度，蓦然回首，那人却在，灯火阑珊处。"好的课堂，不是可望而不可即的，不是专家名师特有的，不是名校学霸专享的。只要大家都能静下心来，努力营造立意有高度、思维有深度、活动有热度的课堂，我们就会惊喜地发现，好课就隐于常态课堂之间，好课就在我们身边。

我心中的绿色课堂

绿色，代表着生命、和谐的环境和可持续发展。绿色教育，是一种将教育环境和生态环境相结合的教育理念，关爱、尊重学生的生命和价值，培养具有人文素养与科学精神相融合、敢于创新、肯于实践的一代新人。绿色课堂，是绿色教育的核心组件，是实现绿色教育理念的必由之路。

我心中的绿色课堂，是一种民主和谐、尊重差异、充满激情、相观而善、张扬个性的课堂，是愉悦的、高效的、可持续的。我们追求绿色课堂，践行绿色教育，既要仰望星空，也要脚踏实地。

一、绿色课堂，是民主和谐的课堂

朱小蔓教授说："和谐教育是个体生命和谐发展的理想乐园。"在绿色课堂上，教师以饱满的热情和乐观的心态面对课堂，面带微笑，倾听学生的发言，为学生营造一种富有安全感，民主、和谐的课堂。这样能使学生主动地发展，能唤醒学生的想象和创造意识，发挥学生的最大潜能。在这样的课堂上，充满了宽容、关爱和信任，洋溢着表扬、激励和真诚，收获着成功、信心和希望。

二、绿色课堂，是尊重差异的课堂

学生的差异是客观存在的，不以人的意志为转移，我们要尊重差异，正确对待差异，把差异当作一种资源来开发，保护和调动每个学生的学习兴趣和积极性，善于发现和开发学生潜在的素质和闪光点，创造一个有利于学生发挥自己特长，在原有的基础上不断进步的课堂氛围。在绿色课堂上，教师能针对不同类型的学生提出不同的目标要求，采用不同的教学方法，让每个学生都有一条合适的学习路径。教师在学生生长点上系统设计、分步培养，在充分尊重个体差异的基础上建立学习共同体。

三、绿色课堂，是充满激情的课堂

课堂教学是动态生成的，是充满师生的智慧和激情的。叶澜教授曾说过："课堂应是向未知方向挺进的旅程，随时都有可能发现意外的通道和美丽的图景，而不是一切都必须遵循固定线路而没有激情的行程。"这就要求教师在课堂教学中关注学生在课堂中的富有创造性和差异性的真实发展历程，立足学生当下思路，灵动组织教学进程，教学与生活沟通、教学与情意相连、教学与创造同步。在这样的课堂上，思想与思想碰撞，迸发出创造的光芒；智慧与智慧交锋，彰显着谋略的深邃；心灵与心灵交融，共振出激情的音韵。

四、绿色课堂，是相观而善的课堂

相观而善，是《学记》中提倡的教育思想，意指学友间要互相交往，以便互相学习，互相促进。师生朋友之间互相激发，可补偏救弊、扬长避短、开阔眼界、增广见闻。在绿色课堂上，教师应该善于把握时机，采取灵活多样的教学方式，倡导学生交流探讨，在生动的互帮互学的绿色课堂上，不仅促进学生对知识的积累，而且能够培养学生的社会实践能力和创新能力，从而真正达到使学生学会学习、学会生活、学会做人、学会做事、学会共处、学会生存的目的。

五、绿色课堂，是张扬个性的课堂

苏霍姆林斯基说："每一个孩子都有一个独特的、独一无二的世界。"

绿色课堂充分张扬师生的个性，创造出有鲜明个性色彩的、充满生机活力的课堂氛围，鼓励学生表达不同的观点，让每一个学生的个性充分发展，培养学生鲜活的人格。在绿色课堂上，每个人都是平等的，没有话语权的垄断，每个学生的观点都能得到表达，每个学生的个性都能得以张扬。绿色课堂也鼓励教师张扬个性、勇于实践、不断反思，形成自己独特的教学风格，向研究型教师、专家型教师和教育家型教师昂首迈进。

这就是我心中的绿色课堂，她闪耀在高远的星空，也植根于厚重的大地。

聚焦课堂、研究课堂、反思课堂

随着课程改革深入到每一位教育工作者的内心世界，成为自觉行为，课堂教学的重要性越来越为教育专家和广大教师所认识。回归课堂、聚焦课堂，观察课堂、研究课堂，审视课堂、反思课堂，不断提高课堂教学质量和效率，已经成为当前教育改革的主题。

北京九中一直积极投身课程改革实践，不断探索，积极进取，取得了一系列课改成果，有力地推进了学校的课程文化建设。对于课堂这一关乎教育教学质量的主渠道，北京九中始终坚持"聚焦课堂、研究课堂、反思课堂"的理念，在教学实践中不断尝试、不断研究、不断创新，走出了一条有自己特色的道路。

一、聚焦课堂，提升效率

聚焦课堂是最近几年非常流行的教育主题词，也是教育"以人为本"的必然产物。学生在学校的大部分时间是在课堂上，习得知识技能、提高能力的主要渠道也来自课堂，学生交流思维、展示方法的场所依然是课堂。课堂是教师和学生活动的主要场所，聚焦课堂就是聚焦学生的生命成长，聚焦教师的专业成长，聚焦学校的可持续发展。

北京九中在课堂教学方面具有优良的传统，具有很强的优势。学校近几年来教育教学所取得的巨大成绩，离不开对课堂教学质量的孜孜追求，离不开对课堂教学效率的强烈关注。随着课程改革的不断深入，随着绿色教育和可持续发展教育的继续深入，越来越多的人关注课堂教学的质量和效率，越来越多的人追求课堂教学的本真。重视教学设计，注重活动设计，关注课堂教学的互动和生成，强调知识、技能和能力的落实，越来越成为九中教师的共识。基于此，学校更加关注课堂教学的质量，更加重视课堂教学的效率，精细设计、认真实施、重视互动、注重生成、关注差异、强化落实，不断学习、不断更新观念、勤奋工作、锐意创新，为了学生的可持续发展，为了九中教育教学质量的不断提高而努力，为了我区高端教育质量的提升努力奉献。

为了进一步促进课堂教学质量的提高，九中参加了北师大和石景山区教委合作的"绿色教育课堂改进项目"，鼓励并指导全体教师更加关注课堂教学，立足课堂实践，不断提高教育教学水平。学校开展了骨干教师引领课、备课组内研究课、青年教师评优课、党员献课等丰富多样的课堂展示活动，引导教师聚焦课堂，提高课堂教学效率。通过行之有效的教学研究，开展了同课异构、实践再创、说课评课等活动，教师们自觉地形成了以课堂教学为中心，以提高课堂教学效率为核心的教育理念，有力地提高了课堂教学的效率。

二、研究课堂，明确目标

课堂效率的提高，离不开"研究课堂"。课堂教学管理已经从粗放管理逐渐走向精细化管理。教师的专业性在很大程度上是体现在课堂上的，作为研究者的教师，最主要的是研究教学，研究课堂中的学生，研究课堂中的知识载体，研究课堂中的教学环节，研究课堂中的教学手段与教学方法等。

研究课堂，我们要研究学生，研究学生的学习状态、认知结构、思维习惯以及学习基础。只有了解了学生，才能更好地设计教学过程，更好地减轻学生的学业负担，提高课堂教学效率。北京九中要求教师在课堂中观察学生，利用课堂反馈了解学生，在教学设计中加强学情分析，在学生的最近发展区设计教学。

研究课堂，我们要研究教材，研究课程标准、研究考试说明、研究教材内容，教师对每一块知识的基础、要求、关系都了然于胸，课堂教学自然能信手拈来，深入浅出，润物无声。九中经常开展课标学习，要求教师备课时要通读教材，从宏观到微观，从整体到局部设计教学过程，重视学生知识体系的完整构建。

研究课堂，我们要研究方法，针对不同的学习对象、学习内容，采取相应的行之有效的方法，让课堂充满灵动、充满智慧、充满激情，我们要研究教学流程的优化，在各环节内部的挖潜增效和环节之间的自然过渡中增强效益。无论是教师的导入、讲解，学生的活动、探究，知识的研讨、辨析，还是课堂的演练、解惑，九中都要求教师关注方法，使学生对学习充满期待。只有学生的思维始终处于激活状态，课堂始终处于"愤""悱"状态，课堂才是高效的。

北京九中在各教研组里开展了课堂研究和创新的讨论和实践，根据九中学生实际，参照课程标准和会考、高考考试说明，研制了各学科各年级课堂教学质量标准，加强过程管理，使学生的学习有目标，教师的教学有标准，学校的质量有保障。对于学科教学，根据教学内容和形式，提出了学科教学模式建议，如语文学科的高考基础知识课、文言文赏析课、诗歌鉴赏课、现代文阅读课、写作讲评课等，英语学科的听力课、语法课、阅读课等，物理学科的概念课、规律课、实验课、习题课、复习课等，不一而足。多个学科都重点研究了"试卷讲评课"模式，有力地促进了复习课的效率，提高了学生解决问题的能力。

学校还加强了课堂教学的监控制度建设，学校质量监控中心成立了文科组、理科组、综合组等听课小组，学校领导挂帅，各教研组长、骨干教师定期听推门课，对常规课堂进行指导和监控。同时，学校请特级教师和骨干教师对所听课例进行点评，营造良好的研究课堂教学的氛围，形成以骨干教师引领课为标杆、学科研究课为样本、青年教师评优课为素材的课堂研究新格局。

三、反思课堂，引领发展

叶澜教授曾经指出："一个教师写一辈子教案不可能成为名师，如果一个教师写三年教学反思，就有可能成为名师。"可见教学反思是教师专业发展的重要途径。北京九中从 2006 年开始，就一直开展教育教学得与失、教学反思系列活动，每个学期要求每位教师结合自己的课堂实践，撰写一篇教学反思。教师在教学反思中，反思自己的好设计、好做法、课堂机制，反思自己的不足之处、失误之处、失败之处，反思教学流程的改进之处、优化之处。每学期开学初，各教研组交流教师的教学反思，评选出优秀教学反思。学校召开教育教学反思论坛，总结交流教育教学优秀反思，形成了具有九中特色的教育教学反思常规工作。

教师历次撰写的反思材料和案例都紧紧围绕着"课堂教学的有效性"这一主题，有的教师结合新课程高考，从一节课的设计与实施入手，对高三复习工作进行了深刻的剖析和反思，为新的高考复习留下了启迪；有的老师针对课堂教学中的某一环节进行描述和反思，从一件事的处理与体会入手，对课堂教学不断推敲，不断提高课堂教学效率；有的老师针对教育教学中的某一片段进行剖析反思，始终把学生作为教育教学活动的主体，为学生的发展尽心尽力。在教学反思中，教师对事件的描述清楚、对策略的反思到位、对方案的设计详尽，体现了九中教师教育教学的高水平。

在反思实践中，九中教师充分认识到：通过关注学生的学情，反思自己的教学策略，有助于提升教师的专业水平，促进教师的专业发展。多数教师在实践中发现问题，通过理论学习和实践探索解决问题，从而不断丰富教学经历和经验。我们解决的问题都是教育教学中遇到的真问题，都是来源于教师和学生的，是校本的。教师从中提炼出问题，开展小课题研究。教师的教学反思其实是对自己预设的目标的一种实践验证，使得教师们的设计更为周密，实践更为积极，成果更为有效。教师更多地站在提升教育教学能力的角度，更多地站在促进学生自主学习的角度，更多地站在创设和谐生动的教学情境的角度，对教育教学现状做了较为深入的分析，对自己的教育教学行为做了较为深刻的剖析，虽然没有太多华丽的辞藻，但真情实意溢满其中，每篇反思读来都令人感动。实践证明，科研紧密结合教学实际，不仅有利于学生学业成绩的提高，也有利于教师综合能力的提升。

石景山区现在正处于战略转型期，为打造北京 CRD，我区陆续引进了大批高科技企业，引进了大量各方面的优秀人才，经济的高速发展需要更多的优质教育资源、更好的品牌学校。九中是我区唯一的北京市重点中学、高中示范校，在北京市有很高的知名度，九中领导班子将带领全体教职员工努力拼搏、开拓创新，聚焦课堂、研究课堂、反思课堂，围绕课堂教学这一中心，不断学习、不断实践、不断总结、不断创新，不断提高学校的教育教学质量，不断促进学校的发展，打造好九中教育品牌，满足人民群众的要求，使学校跻身于北京市一流名校行列，为全区社会经济发展提供优良的教育环境，并起到教育对社会建设的引领作用。

跨越与融合

——跨学科教学探索与思考

绿色教育是尊重生命的教育。绿色教育以人为本、以能力为中心、以综合育人为己任；突破口是把学习的自主权、发展权还给学生，学会合作、学会探究、学会创造；目标是让学生自主学习、自我构建、自我约束、自我评价。可持续发展教育要求我们把学生培养成为有现代科学知识，能够尊重他人，尊重差异与多样性，尊重环境，尊重我们居住的星球上的资源，具有可持续发展意识与生活能力的公民。《国家中长期教育改革和发展规划纲要（2010—2020年）》将"可持续发展教育"确定为教育改革与发展的一个重要战略主题，明确指出要重视可持续发展教育，要"着眼于促进教育公平，提高教育质量，增强可持续发展能力"。这为新时期教育指明了前进的方向，也对我们的实践具有重要指导意义。

课程资源的开发应用和课程内容的整合，是实现北京九中教育宗旨的核心要素。本着"树立民主意识，坚持以人为本，一切为了学生和老师的发展"的理念和"以人为本、质量第一、科学有序、谋求发展"的管理原则，北京九中借助教育集团的平台，着力在课程上打通小学、初中、高中界限，加强学段衔接的教学研究，加大课程整合研究力度，努力构建符合学校和学生实际的、独特的课程体系的12年一体化的集团课程体系；加强学科间的跨越与整合，融合多学科整体教学的优势，在教学内容、教学方法等方面加强协调，不断促进跨学科教学尝试，不断提高课堂教学的效率；在学科课程教学中融入德育元素，实践课程德育理念，实现人人均为德育工作者的要求。经过一段时间的思考与探索，取得了一定成果，达成了共识，形成了合力，初步实现了跨学科的融合。

一、纵向跨越，垂直整合，学科内的跨越与融合

北京九中借助教育集团的平台，从小学教育到高中教育，形成教育链，确保生源逐层对接，变优质生源输出地为输入地，最终形成特色鲜明的区域教育品牌。这种纵向贯通的教育改革实验，能够创新人才培养模式，推进课程改革，为孩子的成长奠定更坚实的基础，更有利于整个链条教育水平的提升。根据不同年龄段学生的生理心理特征设置小学、初中、高中的不同的课程要求，突出特色。小学阶段特别是低年级学段减轻学生负担，提高质量，努力实现基础扎实；初中夯实基础，提高能力，高中实现优质教育。

教育集团在语文、数学、英语等课程中进行尝试，借助不同版本教材的优势，优化重组，形成校本化的集团课程体系，使国家教材的校本化从隐性走向显性。

语文课程：拓宽语文学习的渠道，构建开放的适应时代发展的教学资源体系；开发语言潜能，全面提高学生素养，增加文化积淀，提升学生文化品位。打造"真情语文、灵动语文、开放语文"。

数学课程：重视学生数学学习的过程，注重学生对数学本质的理解和思想方法的把握，注重学生数学知识的建构过程与问题提出、分析、解决的过程，促进学生发展的多元化。追求"简约数学、本色数学、快乐数学"。

英语课程：打造"主动、互动、生动"的课堂。设立学校英语活动课程，举行"文化周""英语节"等主题活动，为学生创造真实有意义的英语文化环境和语言环境，为学生提供充分的语言实践机会，鼓励学生积极参与，大胆表现，在活动中学会英语，培养学生用英语思维表达思想和交际的能力。借助国际友好学校的优势与平台，组织学生异国游学，实地学习外国文化。

为了做好小学、初中和高中课程的有机衔接，构建小学、初中、高中不同学段有机整合的一体化的课程体系，2012 年 4 月 18 日，北京九

中教育集团在语文、数学、英语课程中进行尝试，开展了"垂直整合、阶梯递进，共谱绿色新课堂"的课堂教学展示活动。在此次展示活动中，北京九中高中部一二年级，初中部七八年级，金顶街第二小学，金顶街第四小学五六年级的部分师生呈现了九节不同风格的课堂盛宴。在语文课堂教学上，围绕"科学家的故事"这一主题，小学语文教师武雪梅讲授的《跨越世纪的美丽》、初中语文教师朱延庆讲授的《邓稼先》以及高中语文教师张妍讲授的《王选的选择》三节语文课，在教学目标的三维层次：知识和能力，过程和方法，情感态度和价值观上作了不同的要求，体现了语文教学对不同阶段学生思维能力的培养。王庆慧、陈忠才、陈学义三位优秀的数学老师从分数的性质、分式的性质到分式函数的性质，从数到式，再到变量函数为我们呈现了数学认识的客观过程，充分突显了数学教育的价值与意义。语言的学习重在听说，英语学习是非母语学习，在听说上存在很大的难度。为不同学段的学生设置不同程度的听说要求，有利于提高小学生学习非母语的兴趣，提高高中生英语听说能力。从小学到初中，再到高中，张进、王艳萍、孙彦三位英语老师围绕"英语听说能力培养"这一主题，就不同学段的学生应该掌握什么程度的听说水平，如何让学生在课堂上积极自主地提高听说能力等问题做了精彩的示范。

二、横向跨越，勾连互通，学科间的跨越与融合

学生综合素质的提高，不能仅仅依赖于学科教学。为了让学生更好地成长，实现可持续发展目标，学科间的跨越与融合十分必要。基于上述认识，我们尝试在课堂教学中融入跨学科教学，即一堂课中，几位不同学科的教师同时走上课堂，根据教学内容和学生实际，交替讲授相应的学科知识，开展探究活动，推进三维目标落实。

案例1：高中思想政治教材必修3中，有关于"文化的多样性与文化传播"的内容。为此，老师在政治课上借助高二语文选修2《文化论著研读》以及高一语文必修《阅读·写作》的相关内容，培养学生传承中华优秀文化、尊重文化多样性的情感、态度与价值观。三位教师的跨学

科教学实践，旨在通过语文学科内中外文化鉴赏的跨年级知识整合，以及语文与政治不同知识领域的跨学科知识整合，呈现多视角、立体、完整、综合的知识结构，感受中华文化、中外文化的氛围，使学生认识到中华文化的内敛与精深，认识到中国文人和文化的精神内涵；同时教育学生也要尊重外国文化，博采众长，对中国古代文化加以批判地继承与发展，培养学生建立学科间联系的能力以及综合性分析问题、解决问题的意识与习惯。学生通过分析中外两篇文学作品，既完成了语文教学内容的要求，又通过政治教师适当点拨，自然生成了政治课需要达成的目标；语文教学内容为政治课的教学提供了丰富典型的素材。政治课中生成的对中外文化的理解，又反过来加深了学生对两篇文学作品的感悟，升华了语文课学习的效果。

案例2：我们跨越语文、美术、音乐三个学科，进行美育教学。我们在思考：在语文教学中，我们怎样了解学生是如何理解文章所描述的具体形象的？如《琵琶行》，我们能否让学生通过画画展示他所理解的画面？能否通过琵琶曲去体会其中的情感？能否通过作文展示或通过画面描述他所听到的乐曲所蕴含的情感？等等。经过我校语文、美术、音乐三位教师的精心设计，跨学科课堂《琵琶行》获得了巨大的成功。在这一堂课上，学生同时收获了三个学科的知识与能力，得到了美的情感的熏陶，培养了学科融合的意识，对于他们将来的学习与创新具有十分重要的意义。

我们陆续开展了不同学科的跨越与融合尝试，生物、化学学科《生命的基础——蛋白质》，历史、地理、政治学科《从可持续发展的角度看上海的工业化与城市化》，英语、心理学科 *Life Stories*（生命的故事），数学、物理学科《数学思想在追及与相遇问题中的应用》，等等，通过一系列跨学科教学实践，教师们逐渐习惯了跨学科教学的思维模式，主动探索跨学科教学的基本模式，自觉地加强了学科之间的跨越与融合。

三、育人为本，德育渗透，课程中的跨越与融合

众所周知，育人为本，德育为先。在德育课程建设如火如荼的今天，我们也构建了科学、适宜的德育课程体系，编排了德育大课表，使德育工

作课程化取得了良好的效果。同时，我们也在思考，仅仅建设并实施德育课程是不够的，在学科课堂教学中，向育人功能的跨越十分必要。基于此，我们在学科教学中推行了课程德育，即课堂教学要凸显德育目标，要使德育教育融入每一堂课中，润物于无声。

课程是学校教育的主要载体，学生每天的在校生活主要是在课程学习中度过，通过课程进行道德教育是学校德育的一条主要途径。经过充分的学习与讨论，我们认为各门课程知识对于道德的发展具有明理和陶冶的功能，课程实施过程同时也是各种道德影响因素发挥作用的过程。课程德育是一种走向整合的学校道德教育。它追求知识教学与道德教育的整合，追求课程教学中各个要素之间的整合，追求各个要素内在的整合，力图通过整合课程及课程实施中各种德育因素以形成教育合力，提高学校道德教育的实效。课程德育其实就是以学科课程为载体，对学生进行道德品质教育，教师在教学过程中要充分挖掘学科课程当中的德育元素，进行真正的德育教育。帮助学生树立正确的世界观、人生观、价值观，教育学生如何做人。这种理念与课程标准提出的"三维目标"是一致的。

我们在语文、数学、英语、物理、化学、生物、政治、地理、历史等学科推行了课程德育，教师们在教学设计中，主动融入学科德育的要求，体现课堂教学的德育渗透功能，使德育融入每一堂课之中，融入每一门学科之中。只有在课堂教学主渠道中融入德育，才能谈得上德育为先，才能真正实现德育与教学的有机融合，才能真正使学生健康成长。

在教学实践中，以英语学科教学为例，在教授 *Life Stories* 一课中，教师借助课文中海伦凯勒的故事，与学生分享海伦的精神：海伦接受了生命残酷的挑战，用自己所有的爱心去拥抱世界，以惊人的顽强的毅力面对人生的困境，终于在黑暗中找到了属于自己的人生，属于自己的光明面，最后又把慈爱的双手伸向全世界。海伦的故事，激励了一代代人，也必将激励着此时正在课堂接受教育的新一代。

经过一段时间的努力推进，教师们逐渐认可了这一做法，并主动把课程德育作为教学的基本环节。这样一来，"人人是德育工作者"不再是一句口号，而是实实在在得到了落实。目前，学校已经形成了课程德育的基本框架，并取得了阶段性成果。《课程德育案例选》已经编写完成，将作为阶段性成果加以推广。

　　跨学科是个永恒的话题，北京九中在跨学科教学所做的探索与思考，尚处于起步阶段，未来还有很长的路要走。我们将一路前行，继续探索，积累更多的经验，获取更大的成功。

正确理解"课堂革命"，积极应对课堂革命

我们知道，课堂是教育的主战场，课堂一端连接学生，一端连接着民族的未来。现在的教育改革进入了深水区，越来越指向我们的课堂改革。我们现在的课堂，可能还存在这样那样的问题，还很难培养出学生能够适应终身发展和社会发展需要的必备品格和关键能力。深化基础教育人才培养模式改革，需要掀起"课堂革命"，努力培养学生的创新精神和实践能力。

一、吹响"课堂革命"号角

当下传统课堂有三大无法破解的难题：无法破解学生全面发展的问题、无法破解教师进步和职业幸福感的问题、无法破解学生的素质和应试水平共同提高的问题。正因如此，2017年时任教育部长陈宝生吹响"课堂革命"的号角，强调把质量作为教育的生命线，坚持"回归常识、回归本分、回归初心、回归梦想"，将"以人为本，以生为本，以学为本"作为发起"课堂革命"的总原则，明确指出"始终坚持以学习者为中心，为不同层次、不同类型的受教育者提供个性化、多样化、高质量的教育服务，促进学习者主动学习、释放潜能、全面发展"[1]。

具体而言，"课堂革命"提倡的教育观是：解放学生，发展学生；不唯师，只唯生；不唯教，只唯学；最终实现师生共同发展。

---

[1] 陈宝生.开启建设教育强国历史新征程[J].西部教育研究（陕西），2022（4）.

"课堂革命"提倡的学生观是：学生是教育的主体，不放弃任何一个学生，从最后一名学生抓起，让每个学生都成为最好的自己。

"课堂革命"提倡的教师观是：教师是学生学习激情的点燃者，教师是学生学会学习方法的传授者，教师是学生攀登知识高峰的引导者，教师是学生破解知识难题和人生困惑的点拨者，教师是课堂教学资源的整合者。总之教师是学生学习的服务者。

"课堂革命"提倡的课堂观是：学习必须变成学生自己的事情，学习必须发生在学生身上，学习必须按照学生的方式进行。

"课堂革命"提倡的教学评价观是：以学定教，以学评教，以学助教。教育观念的革命才能带来教育方法和教育行为的革命。

"课堂革命"的号角已经吹响，我们别无选择，必须投身其中，必须对现在的课堂有深入的了解和认识，必须基于学校传统、基于教学常识和基于教改方向做出回应。

二、正确认识"课堂革命"

教育改革只有进入到课堂的层面，才真正进入了深水区，课堂不变，教育就不变，教育不变，学生就不变。只有抓住课堂这个核心地带，教育才能真正发展。

目前有些课堂存在一些有待改进的地方，如教师在课堂上缺乏对学生自主学习和互助学习的指导，使之流于形式。又如课堂上的问题和任务完全由教师安排，学生还没有养成主动提出问题的习惯，学生的思维过程受控于教师的过度引导。再如传统课堂过于重视教学内容的完成，过于重视教学环节的完整，过于重视教学技术的应用，而往往忽视了最关键的因素——学生的学习过程和学习效果，从而使教育的维度只停留在教师的教这一端。

以上对传统课堂的批评，很大程度上是对旧课堂中的严重弊端的集中描述，旨在为课堂革命找到突破的方向。"课堂革命"并没有否认传统课堂中的先进元素和优秀方法。传统课堂仍然有很多需要我们坚持并坚守的好做法，仍然有很多行之有效并为人津津乐道的模式与方法。"课堂革命"

旨在革故鼎新，旨在守正创新，旨在落实立德树人，旨在强调以学生为中心。

目前我国的中小学课堂，已然呈现出百花齐放的美好景象。我们有一大批学校，不遗余力地探索课堂教学改革，不断拓宽课堂教学改革的理论，不断丰富课堂教学改革的实践，不断取得课堂教学改革的成果。我们的一大批教师，扎根于中国的教学实践，关注课堂、研究课堂、反思课堂，从课堂中汲取营养，在课堂中深化思想。近几年来，课堂教学改革生机勃勃，课堂改革新理论不断丰富，课堂改革新实践不断开展，课堂改革新经验不断涌现。

改革开放 40 余年来，我们最大的收获就是实事求是，一切从实际出发。因此，从现实课堂的问题出发确定课堂教学改革是教育改革的核心。我们要充分认识课堂教学的固有弊端，深入挖掘课堂教学改革的巨大成就，为课堂教学改革的深入开展奠定基础。

三、积极应对"课堂革命"

那么，如何应对"课堂革命"呢？时任教育部长陈宝生指出：课堂教学改革需要坚持"一个中心，两个基本点"，即坚持以学生为中心，坚持素质教育在课堂，坚持教为学服务。

教师要始终把学生放在课堂的正中间，尊重学生的习惯和思维，让学习真正发生在学生身上，关注学生的实际获得。因此教师要了解学生：了解学生的学习基础，即学生原有知识储备，以及相关的能力和应用水平；了解学生的思维水平，即学生的思维习惯，以及解决相关问题的思维品质；了解学生的学习习惯，即他们的学习意愿和为学习而愿意付出的习惯品质；了解学生的心理水平，即学生对掌握新知识的渴望程度和万一掌握不了新知识的心理焦虑程度。

课堂上要关注学生的学习。教师心里要特别清楚，学生在学习新知识的过程中，会有什么样的不适应，会遇到什么样的困难，会在哪个地方产生疑问和误解，会在哪个概念中产生混淆，会在哪个技能训练上进展缓慢，会在哪种能力提升上徘徊不前。针对学生可能遇到的行为和习惯的困难，针对学生可能出现的思想和心理的焦虑，针对学生可能面临的错误和失败，教师要有充分的认识，要有足够的重视，要有合理的方案，还要有有效的方式。

课堂上要精心设计学生的作业。从目前的状况来看，教师对学生作业的重视程度远远不够。教师往往觉得学生应该多做一些作业，可以巩固所学的知识，提高解决问题的技能水平，从而提高能力和提升思维水平。这种想法的初衷是美好的，但是不切实际，有些一厢情愿，也是对科学和规律的不尊重。作业应该精选，既要基于学生的学习水平，又要基于学生的有效学习时间。作业的布置是一个科学的决策过程，绝不是指定练习册上的几道题那么简单。

总之，"课堂革命"对学生来说，是从被动学习走向主动学习，从浅层学习走向深层学习；"课堂革命"对教师来说，是从体力劳动走向智力劳动，从重复劳动走向智慧劳动；"课堂革命"对学校来说，是从知识传授走向全面发展，是从培养能力走向塑造人格。这就是"课堂革命"！

构建课程开发共同体，提高学校课程领导力

　　领导力就是指在管辖的范围内充分地利用人力和客观条件，以最小的成本办成所需的事，提高整个团体的办事效率。课程领导力，通常指的是对课程准确的理解力、课程资源的开发力、课程实施的规划力和课程文化的构建力。要想使学校课程有高质量、高效能的表现，必须要有高绩效的课程领导力。课程领导力是学校管理者与追随者相互作用的合力，是管理者与追随者为实现共同的课程愿景而迸发的一种思想与行为的能力。

　　学校课程领导的最终目的和归宿应是促进学生的发展。而学生的发展有赖于通过与其关系最为密切的教师来实现。教师的特殊身份决定了教师对于课程领导的独特意义。教师参与课程领导能对课程、学生和学校的发展起到重要的作用。首先，教师参与课程领导能优化课程本身，他们可以贡献实践经验，以确认哪些计划在课堂里是切实可行的，哪些是不可行的，从而提高课程的适切性。其次，几乎所有的研究结果都表明，教师在一定程度上参与课程领导工作，不仅会影响到课程设计的结果，而且会影响课程实施的进程，从而影响到学生的学习结果。最后，教师参与课程的研发，有利于提升教师的课程意识，提高学校整体的课程文化。加强和提升学校课程领导力需要树立正确的课程观，准确理解三级课程的内涵，建构真正的校本课程，关注课程教学全过程。

　　基于以上认识，北京九中以充分发挥骨干教师的作用，构建课程开发共同体为突破口，以国家课程的校本化实施和校本课程的自主化开发为抓手，切实提升学校的课程领导力。九中已连续多年在强化国家课程的同时，依托地域特色，从传统文化切入，着力开发校本课程，取得了令人瞩

目的成绩。

近年来，北京九中在现有的教育教学资源条件下，以模式口大街——京西古道为载体，充分利用和挖掘模式口古街的文化底蕴和历史遗迹，拓展课程资源，体现地方特色，让学生走进社区、了解家乡，提升爱校、爱家乡的感情。目前，语文、地理、政治、历史、化学、生物、美术等学科已相继开发和挖掘了模式口地区的资源，开发校本课程，如地理课《文化景观与环境》、语文课《胡同文化》《故都的秋》、英语课《文化遗产的修复与保护》、化学课《铁与人体健康》、政治课《市场配置资源》、美术课《法海寺壁画赏析》，等等。

九中借助中华传统节日，开展相应的综合实践活动。在中秋节，首先把课程内容与中秋文化相结合，让中秋文化走进课堂，让学生在课堂上品味和体验传统文化的内涵。语文课开发了《中秋诗词美文赏析》、英语课开发了《中秋文化》、通用技术课开发了《中秋奥运——中国结的编织》、生物课开发了《月饼的检验》，让学生在课堂中感受浓郁的民族文化。同时，组织学生到学校食堂制作月饼。在食堂大师傅的指导下，从原材料的准备到现场制作到烘烤成熟，整个过程都是学生自己动手操作完成的。

在重阳节，我们继续开展了以"登高明志"为主题的传统文化进校园活动。我们在重阳节当天组织了高一学生集体登高，到达学校对面的法海寺山顶平台后，集体背诵《少年中国说》。全年级500多人齐声背诵《少年中国说》，那种气势，使学生心灵受到强烈的震撼！

在课程开发过程中，九中努力建立以校为本、联校开发、校社开发、资源共享的合作机制，构建了目标一致、行动一致的课程开发共同体，多角度、多渠道提升学校研发与管理课程的能力，丰富、拓展课程资源，为学生的可持续发展创造条件，为学生的成长创造良好的发展空间。校本课程的开发，也培养了学生的创新精神和社会实践能力，促进了教师的专业发展，提高了教师执行力，真正提升了学校的课程领导力，提高了学校管理人员的课程指导力。

课程即领导力

本文根据《发现教育》于 2014 年 6 月进行的采访报道整理而成，主要探讨的议题为"课程改革"。

在担任校长前，我是一位出色的数学教师，做过教研组长，也曾主管学校教学工作。这样的成长经历，使我在上任以后，把课程建设作为改善学校教育的重要突破口，就成了一件顺理成章的事。

但千万别误以为我是一位只抓课堂教学、眼里只有考试和分数的校长。实际上，仔细听完我关于九类课程的改革设想你就会明白，这里的课程并非指传统意义上的课程。准确地说，我倡导的是一种"大课程观"。

九中正在或即将实施的九类课程中，固然也有对传统学科课程的改造，或纵向整合，或横向渗透，但这只是其中很小一部分。这项课程建设的核心，则是突破时间和空间的局限，改变传统课程的存在形式，在拓展课程的内涵和外延的同时，使之更加凸显育人的本质。

用这样的课程观审视学校教育，一切皆可为课程。校园活动、社团展示、家校合作、博物馆之旅、国内游学、国际交流等凡与学生生活相关的，经过教师的精心设计和有意识的引导，都可以成为具有明确教育目标和教育功能的课程。所谓的九类课程，也不是简单的九门课，而是依据不同的功能定位，力图在打通课内与课外的基础上形成的综合性教育活动，让课程或知识以一种更自然、更真实的方式呈现出来。

说到底，对我而言，课程是一个有效的载体，让我可以在继承与创新之间变得更加从容自在。

在我接手前，九中经过几任校长的努力，已经实现了高位发展，教学质量稳居全市前列，艺术教育、体育特色等日益凸显。这既为我奠定了良好的办学基础，也在一定程度上提出了更高要求。换言之，守成容易创新难。在这样的背景下，九类课程的提出，看似中庸，实则高明，一方面像一条清晰的主线，把原本散布于学校中的优良传统、优势项目和特色活动串联起来，结构成一个有机的整体；另一方面对学校教育教学提出了更高的标准，从学校"全人教育"的办学理念出发去设计课程，让教育实践升华。

在课程建设的背后，是我对学校发展定位的新思考。多年来，由于生源和区位的限制，仅从高考成绩来看，九中始终不是全市最好的学校，这几乎是个可望不可即的目标。客观状况决定了学校必须另辟蹊径，走特色发展之路。我希望从九中走出去的学生，不仅仅是学习好，还要有抱负，有担当，有品位，应该是一个精神贵族。

也因此，我格外重视课程建设。课程是一个学校的核心产品，有什么样的课程，就有什么样的学校，并最终决定着这里走出什么样的人。这一观念正成为越来越多的教育者的共识。正如教育部颁布的《关于全面深化课程改革　落实立德树人根本任务的意见》中指出的，"课程是教育思想、教育目标和教育内容的主要载体……直接影响人才培养质量"。

作为一种行动自觉，九中的九类课程的改革设想，从责任感课程、持久学习力课程、文化传承课程、领导力课程，到身心健康课程、审美课程、国际视野课程、信息素养课程等，既是在重新定义课程，也是对学校教育价值和育人目标的重新体认。

透过这些课程的设置，人们能感到一种浓郁的人文情怀。学数学出身的我同时也是一位文学爱好者，大学曾辅修中文专业，醉心于古典诗词。这使我相信，理想的教育境界，一定是兼具科学精神、人文情怀和艺术素养的。科学求真、人文求善、艺术求美，三者缺一不可。教育也好，人的成长也罢，都要有大境界，不拘泥于一城一池的得失，而是着眼长远，才能最终实现可持续发展。

给学生一生受用的财富

——北京市第九中学课程改革纪实

本文根据《发现教育》于 2014 年 6 月进行的采访报道整理而成，主要探讨的议题为"课程改革"。

北京市第九中学的门前，是一条寻常的京郊巷陌，热闹而拥挤，两旁多为黑灰色的旧民居，沿途蜿蜒而上可抵八大处公园。

多年前，经教师们考证得知，这条不起眼的道路，居然是历史上有名的京西古道，曾经盛极一时，客栈庙宇众多，商旅往来繁忙。如今虽繁华不再，但仍遗存着法海寺、承恩寺、田义墓等古迹。同时，20 世纪 80 年代，这里还建起了中国第四纪冰川遗迹陈列馆，有世界上唯一的第四纪冰川擦痕。

从那时起，这些历史文化遗迹就成了学校宝贵的教育资源。教师们引导学生从了解身边的环境开始，由近及远地进行爱家乡、爱祖国的教育。

这一教育活动发展至今，逐渐整合为学校的文化传承课程。它不是一门课程，而是融合多学科、社会实践、讲座及德育活动为一体的综合类课程。比如，美术教师给学生开讲座，介绍法海寺壁画；地理教师带学生考察冰川遗迹，了解气候与环境的变迁；语文教师带学生在重阳节登临八大处，齐诵《少年中国说》，歌以咏志。

不用说，这样的课程深受学生喜爱，他们从中收获的不仅仅是知识，还有多方面的文化素养和终生难忘的学习经历。

而文化传承课程，只是九中正在进行的课程建设的"冰山一角"。近年来，我在梳理办学传统和特色项目的基础上，提出了"九类课程"的改革设想，其中包括：责任感课程、持久学习力课程、领导力课程、身心健康课程、审美课程、国际视野课程、信息素养课程等。

这是一场在课程的名义下变革学校教育的尝试，九类课程几乎涵盖了学校教育生活的全部时空，课程改革的核心直指"人"的发展。

我们的育人目标是关注健康，尊重个性，培养勇于负责、善于学习的现代公民。而要培养现代化的公民，必须要有现代化的课程体系做支撑。

几年前，早在担任学校副校长时，我就开始了改革学校课程的尝试。有这样几次教研活动，曾经给老师们留下深刻的印象。

比如，由语文、音乐、美术三个不同学科的教师，一起讲同一节课，讲的是语文名篇《琵琶行》。语文教师先来讲解课文，涵咏诗意。讲到"大珠小珠落玉盘"，到底是一种什么感觉？音乐教师出场介绍琵琶的相关知识，找一位学民乐的学生当场演奏一曲，全班学生豁然开朗。接下来，美术教师请学生们用一幅画来表现诗中意境。通过学科整合，学生们更好地掌握了一些知识难点，也深刻领悟了诗歌的丰富内涵。

学校还曾请来小学、初中、高中的同学科教师，按照同一主题或同一知识序列分别上课。以数学为例，小学讲分数，初中讲分式，高中讲分式函数。大家一起设计教案、观摩研讨。听完三节课，教师们各有收获，对于如何做好学段之间的教学衔接，有了更明确的意识。

这实际上是一种实验性的教学，在打破常规教学形式的同时，让教师们重新认识课程教学。在我看来，原生态的知识本来就是不分学科或学段的，教师只有站在更开阔的视野上，才能明白知识学习的本质。

而引发我对课程产生更多思考的，是学校近年来开展的游学活动。两年前，学校第一次组织学生进行游学，目的地选择了人文教育资源丰富的陕西、山西两省。按理说，学校的初衷很好，但一趟走下来，教师们感觉效果并不理想。"主要是事前准备不充分，教师如果没有相应的知识储备，很难激发学生的学习兴趣，游学变成了单纯的旅游。"历史教师付建河反思说。

有了这次不成功的经历，去年的第二次游学活动，学校不再打无准备之仗，进行了精心策划。这次的目的地是河南、山西，活动路线是通过问卷调查由学生们选出来的。语文、历史、地理、政治等学科的教师共同参与，提前几个月就着手准备，分别设计出有针对性的学案。出发前，教师们举办了多场讲座，介绍当地的历史文化、风土人情以及交通安全等。学生们也没闲着，他们被分成不同的学习小组，分专题进行网络资料搜集，带着问题去游学。

经过这样的充分预热，游学变得格外令人期待。暑假终于来临，踏上游学之旅，学生们身上表现出的认真和投入，都让教师们又惊又喜。

在整个游学过程中，学生们体验到了一种全新的、鲜活的学习方式。在云冈石窟，学生们手持问卷，现场采访游客，进行旅游资源评价的调查。有的学生主动去采访外国游客，用英语和他们交流。"地理教材中有旅游景区规划的内容，但在课堂上纸上谈兵式的讲解，远不如这样身临其境的学习更有效。"地理教师刘文娟兴奋地说。

而让教师们欣慰的，还有学生们的精神成长。问卷调查中，几个性格内向的男生，起初手足无措，怎么都张不开嘴。几次欲言又止后，他们终于鼓足勇气走向游人，一脸羞涩地提出问题。游人的热情配合，让他们备受鼓舞。迈出了成功的第一步，学生们有了信心，采访中越来越自如。

也因此，学生们对学习充满了渴望。每天在旅游大巴上、餐桌上、宾馆里，学习随时随地地发生着，大家常常会为一个问题争论得不可开交。

参观完平遥古城，在古香古色的山西大院里，一场关于"旅游资源开发，政府开发与个体经营哪种方式更好"的辩论会随即展开。古朴的餐桌临时改作辩论台，学生们分坐两边，各抒己见，激烈的辩论引来很多游人驻足聆听。眼见天色渐黑，廊下的大红灯笼都亮了，学生们还意犹未尽。宾馆服务员来催学生们就餐，站在一旁也听得入了神。

这样自主自发的学习，让学习的过程充满了欢愉。相信无论经历多少年，这动人的一幕都将深深留存在学生们的脑海中。

正所谓，"纸上得来终觉浅"。走出教室，走进历史文化现场，学生们从中感受到的是有温度、有情感的真知识。

来到古城洛阳，他们去寻访二程墓。"程颢、程颐是中国思想文化史上的重要人物，有必要让学生多一些了解。"历史教师付建河说。而此前学生们对这两个人的认识，仅止于教材中"宋明理学代表人物"的概述。走进墓园，眼前一派颓败景象，芳草萋萋，少有游人。学生们手捧鲜花，举行了一场祭拜仪式，当场诵读了付建河用文言形式撰写的祭文。那一刻，每个人脸上都写满了少有的凝重。

游学归来，从学生到教师，都有着特别多的感触。学生们有了一段难忘的生命体验，获得的是远超知识学习的精神财富。教师们也从中发现学生前所未有的学习渴望，感受着变革学习方式的惊喜与震撼。

这样的游学活动为什么深受学生喜爱？作为校长，目睹着师生们游学前后的变化，透过现象看本质，从课程的角度有了许多新的启示。这难道不是一种课程吗？谁说课程一定发生在教室里、局限在几本学科教材中？一次游学过程，因为有了明确的教育意图、周密的程序设计、生动的呈现方式，有了学生的深度参与，使得新课程改革强调的"情感、态度、价值观"三维目标不着痕迹地得到了贯彻。

有了这样的尝试与思考，我有了一个明确的意识，开始用课程的眼光去审视学校的一切教育教学活动，逐渐形成了一种"大课程观"。

如今，游学活动成了学校的文化传承课程的一部分。尽管组织一次游学活动，学校要承担很多风险，教师们要付出额外的辛苦，但我认为，游学活动一定要坚持下去，因为这是学生成长必需的一项课程。

"今年暑期，以'行走中国'为主题的第三次游学即将举行，活动路线也是学生们自己选定的。"学校课程研究中心的张小萌主任介绍说，"作为一项系列课程，我们的活动安排将更加丰富，也力争使更多学生受益。"

当校长后，我第一次去初中部听课。走进初中一年级的课堂，有一个现象让我无比震撼。一眼看过去，教室里40多个孩子，有一大半孩子都戴着眼镜。

那一刻，我心里五味杂陈。我本人眼睛近视，深受戴眼镜之苦。是什么原因让这些孩子早早地戴上眼镜？我觉得根源还在课程上。

长期以来，我们一直把课程狭隘地理解为学科课程，相应地，课程教学的目标也被矮化为考试和分数。在这样的课程观下，学生被异化为分数的奴隶、考试的机器，被迫用摧残身体的方式去换取一个好成绩。

要改变这种状况，必须从课程入手。有人大声疾呼："课程改变，学校才会改变。"

而改变的途径，就是回归课程的本质。在关注学科课程的同时，更加重视那些非学科课程或隐性课程。更重要的是，要让课程为人的成长服务，而不是为了分数或升学率。

在如今的九中，课程成了学校生活方式的泛指。凡是与学生成长相关的、对学生有益的事，都可以进入学校的课程体系，按照课程的方式来设计实施。

这也从另一个角度引发教师们去思考，学校教育的价值是什么？到底什么才是对学生成长有益的事。

就在 2014 年 5 月刚刚举行的学校社团节上，在师生们好奇的目光里，一个新生事物——学生公司宣告成立，进行试营业。

学生公司总经理是一位学生会干部，一直想自主创业，这次终于有了圆梦的机会。公司成立前，德育处副主任邵莹莹找他谈话："你是总经理，从员工招聘到营销、策划、宣传，都由你全权负责。学校可以提供原材料，但没有资金投入。"

一切都是"真刀真枪"，这个总经理可不好当。但学生毫不含糊地答应了。社团节结束，他美滋滋地来找邵莹莹："老师，我的公司不但没亏损，还赚了 200 多块钱。"

来听听他是怎么掘到创业的"第一桶金"的。这个总经理的第一个经营项目是手绘 T 恤，他招揽了几个志同道合者，每人拿出 200 块入股，以 11 块多钱的价格买来 60 件白 T 恤，请学校提供颜料和场地，在校园里贴出海报，举办了一场手绘 T 恤创意大赛，只需交 20 元就可参赛，画好的 T 恤自己留作纪念。第二个经营项目是校园纪念品，公司和学校的手工创意社团联手，由后者制作钥匙扣、手链等纪念品拿来销售，双方按比例分成。

结果，手绘 T 恤大赛很有人气，60 件 T 恤很快所剩无几，校园纪念品也大受欢迎。这两个项目都稳赚不赔。

学生精明的头脑，让邵莹莹也大为叹服。不过，谈及创业初体验，总经理说："老师，我现在知道了，办好一个公司可真不容易。要掌控市场，要控制资本运营，还要做好广告宣传，学会与人沟通，这里面大有学问。"其他几个"合伙人"也深有体会："老师，我们这 200 块钱花得值，这份体验太难得了。"

而这些珍贵的成长体会，也正是老师们希望实现的教育意图。社团节期间，为了经营公司，几个学生前后忙活了大半个月。有人不免质疑，作为高中生，把这么多时间耗费在与升学无关的事上是否值得？

但显然，九中不是仅仅着眼于学生三年的发展，而是站在关注学生一生成长的角度来设计学校课程。正如邵莹莹所言："我们希望，在学校里尽可能给学生创造更多的锻炼机会。若干年后当他们进入社会，从事相关工作时，能由衷地意识到，我的这些能力素养都是在高中时代获得的。"

为此，在学校的持久学习力课程中，职业生涯教育是其中不可或缺的一环。学校注重创设一系列让学生了解社会、体验社会的途径，从而让他们尽早找到人生的发展方向，在成长的关键期少一些迷茫。

同样是在学校社团节上，一次主题为"合理规划，赢得未来"的模拟招聘会，让很多学生跃跃欲试。"招聘会"设在学校图书馆大厅里，20 位来自不同行业的家长扮演起了"人力资源经理"的角色，有建筑、电力、旅游、新闻、金融及事业单位等。他们分坐在各自的展台后，展板上是招聘职位及聘任条件。尽管是模拟，但完全是仿真的环境。

学生们按照个人兴趣爱好，在各个展台前排起了队，一一与"人力资源经理"面谈。除了进行自我介绍、努力向对方"推销"自己以外，他们还提出很多好奇的问题，了解这个行业的发展状况和人才需求，需要什么样的知识储备和能力。扮演经理的家长也知无不言，详尽地做出回答，并对他们提出发展建议。

一个女生来到建筑公司的展台前，希望应聘工程师。一番交流后，"人力资源经理"也实言相告："一般来说，我们不建议女生从事这个行业。这不是性别歧视，因为这个工作确实很辛苦，要经常到工地上爬高爬低，男性在体质上更适合。当然，如果你确实喜欢，也足够优秀，那另当别论。"

另一个学生要应聘社区工作者，听对方说需精通外语、有才艺特长、有爱心、善于沟通等一长串能力要求，惊讶地瞪大眼睛问："要求也太高了，不就是居委会大妈的活吗？"家长笑道："你可能不知道，居委会工作已今非昔比。在北京，很多社区都有外国人居住，不懂外语肯定不行。社区里要组织文体活动、要提高服务水平，尊老爱幼、解决纠纷，这些都是必需的能力。"

参加完招聘会，学生们感叹说："自己喜欢的职业跟想象中的有很大区别，原来的认识太肤浅了。"通过这一次直观的了解，有的学生有了明确的发展方向，知道了该从哪些方面提升自己；也有的学生发现自己并不适合某个职业，开始重新思考自己的人生目标。

"即便是发现自己不适合某个职业，也是一个重要收获。"德育处主任王楠说，"这会让他们及时调整，少走弯路。如果等到大学毕业走上工作岗位才发现，那个代价可就太大了。"

模拟招聘会后，"人力资源经理"要从应聘者中选出5位获得聘任资格的学生，学校还郑重其事地将聘任结果在校园里张榜公布。其目的不是为了让招聘会更"仿真"，而是为了发挥正向的强化和激励作用，给学生更明确的指引。

同时，学校德育处还在酝酿一项重要的后续工作。原来，一位社区主任参加了模拟招聘会，主动向学校提出，愿意联系社区内的企事业单位，为这些获聘学生提供相应的职业体验机会。这一意外的收获让教师们无比欣喜，开始着手制订一份暑期职业见习活动计划。

课程是什么？"课程"一词最早来源于拉丁文currere，意为"跑道"。这似乎启示人们，课程存在的意义就是为学生一生的成长助跑，帮助他们奔向更好的未来。

也因此，课程就是学生成长的载体或空间。我们期待学生成为什么样的人，就应该努力为他们创造什么样的课程。

从这个意义来说，九中的"九类课程"实际上代表了学校在育人目标上的总体构想。那就是，一个从九中毕业的学生，应具备这样的基本素养：有责任感，身心健康，有坚实的文化基础，能够传承民族优秀文化，有持久的学习能力、领导能力和审美能力，还要有开阔的国际视野和必需的信息素养。

一句话，就是成为有抱负、能担当又有品位的现代公民。

这也使教师们在设计教育教学活动时，有了明确的指向性，既要清楚自己希望达成的教育目标，又要想方设法用创造性的活动形式吸引学生参与。

以往每到3月学雷锋日，学校都会组织学生献爱心的活动，或者到社区义务劳动，或者到敬老院慰问。"经常是大中小学生全扎堆儿到敬老院来了。这样的活动缺少新意，也不符合高中生特点，学生不感兴趣。"德育处主任王楠反思说。

为此，近两年来，学校改进德育活动的实效，在每年春季推出一场全校性的爱心义卖，作为责任感课程中的一项内容。

2013年4月20日，四川芦山地震爆发，消息牵动着全国人民的心。怎样力所能及地向灾区人民奉献爱心呢？经过反复思量，学校筹划了一场爱心义卖。

一周后的4月27日，爱心义卖在学校操场上举行。学生们每人从家中拿来一件物品，有图书、文具、玩具、小电器，等等。很多学生都不惜把自己的心爱之物拿来拍卖。每个班级一个柜台，学生们卖力地吆喝着推销各自的物品，整个操场变成了一个热闹的跳蚤市场。

听说举行爱心义卖，学校新疆班的孩子发愁了。他们远离家乡到内地读书，身边别无长物，这可怎么办呢？孩子们一动脑筋，很快想出了办法："我们自制奶茶来卖吧，这个咱们最拿手，又有新疆风味。"结果，在当天的活动中，新疆班的奶茶成了全场最受欢迎的商品，一元一杯的奶茶供不应求，一天时间卖出了300多杯。

爱心义卖结束后，各班的销售收入装进信封，在第二周的升旗仪式上举行了一次捐款活动。经过统计，全校学生的义卖收入超过15000元。学校把这笔善款通过壹基金公益平台，捐给了四川灾区。最后，各班的捐款款项、壹基金的收据及款项用途等都公示在校园展板上，给学生们一个明确的交代。

"这样的活动远比让学生们捐出自己的零花钱更有意义，钱虽不多，但却是他们自己的劳动所得。"王楠说。

同样的，今年的爱心义卖主题，是为"母亲水窖"公益项目募捐。通过这个活动，学生们也第一次知道了，水资源对于西部山区的人们是多么珍贵。怀着一份沉甸甸的责任感，他们积极行动起来，真诚地贡献出自己微薄的力量。

像这样真正能激发学生参与热情的活动，也给教育者带来新的启示。很多时候，当我们的教育效果不佳时，不能一味抱怨学生，而应该转换视角，从我们自身去寻找原因，改变教育的方式或内容，让教育适合学生而不是相反。

过去，学生一进入九中，入学教育是必不可少的第一课。可是，那种板着面孔的、说教式的入学教育，并不受学生欢迎。

2013年开学前，学校改变了入学教育的方式，不再是教师讲、学生听，而是发动学生会成员，分工合作，编写出一本名为《百度九中》的小册子，里面的内容极其详尽，有校园设施和周边环境的介绍，也有高中各年级课程和社团活动的说明，还有关于文理分科、高中会考等的指导。由于是学生们自己所写，语言浅显易懂又诙谐幽默，同时，基于学生的视角，很多事情都是教师想不到的，比如公交卡、学籍卡丢了怎么补办？平时可以到什么地方购物？学校的饭菜口味如何？这些五花八门的问题，看似都是小事，却是学生们最关心、最需要的，也决定着他们的校园生活质量。

当年的开学典礼上，多了一项特别的仪式，由在校学生代表把这本《百度九中》作为入学礼物，赠送给全校每一位新生。这本由学长写给学弟学妹们的小册子，深受新生喜爱，也让他们很快适应了高中生活。

看得出，对课程的全新认识，让九中人越来越重视教育生活中的每一个细节，用对待课程的观念去设计好每一项活动，用研究的态度去解决每一个问题，使教育行为更科学、更有效、更贴近学生，也更有育人的智慧。

上学期，学校针对高三学生家长进行了一次问卷调查。很多家长反映，现在和孩子之间缺少交流，他们很想了解孩子的生活和想法，却没有适合的亲子沟通方法。这个问题立刻引起教师们的重视。

"学生的责任感教育，需要家庭的参与和配合。"高三（13）班班主任李杰说，"首先要让学生对自己，对家人负责，其次才能对家庭负责、社会负责。"

在征求家长意见后，李杰想到了一个办法。进入高三后，学生晚上要在学校上自习。李杰决定，把晚自习管理的任务交给家长负责。全班40多位学生家长轮流，排好值班表，每晚由两位家长来学校，和学生一起上晚自习。这个活动很受家长欢迎，纷纷积极报名。"家长们都很想了解学生的学校生活，同时，在孩子人生的关键期，能陪他们一起学习，也是一件很温馨的事。"李杰说。

让李杰高兴的是，自从家长来学校看管自习，班里的学习秩序明显改善，学生们学习劲头足了，自觉性也有所提高。家长们说，有了这个活动以后，孩子和他们之间的关系也融洽了，共同语言慢慢多了起来。

因此，这个办法很快在高三全年级推广。一开始，家长只是陪学生上自习。再后来，老师们挑选各个行业的家长，每晚15分钟，向学生介绍自己的职业、对学生进行职业指导。学生们从中既增进了对社会的了解，也更多地理解了父母。

这样的教育活动，改变着学生，影响着家长，也让教师们对自己的职业有了更深刻的感悟。正如李杰所言："作为教师，与好的高考成绩相比，让孩子拥有一个和谐的成长环境，懂得感恩，学会负责，快乐成长，这更让我觉得有成就感。"

教师、学生、家长们的变化，也正是我所期望看到的。显然，课程建设不是教育改革的终点。我希望，从变革课程开始，让学校的教育格局更加完善、教育内涵更加丰厚，让教师们的教育行为充满智慧、教育追求更加高远，让学生们的精神更强健、心灵更丰富、眼界更开阔，成长为一个大气、高贵的人。

一切仅仅是开始，再过三五年，我们的课程体系会更完善、更丰富，更受学生欢迎，就像九中的校标一样，对优质教育的追求是无止境的。

九中的校标，是一个蓝色的阿拉伯数字"9"，从线条到色彩都极其简单，只需信手一笔，它便跃然纸上。九中如今正按照"九类课程"的构想，实现着变革学校的努力。

在中国文化中，"9"是一个具有丰富意蕴的数字，它代表着极致、代表着圆满。它启示九中人，要目光长远，胸襟开阔，不断厚德载物，追寻至真至善至美的教育境地。

而校标中的"9"字，又极像一个逗号，它意味着未完成，意味着无止境，又像是要告诉今天的九中人，永远不要满足于现状，保持积极进取的心态，去领略教育之路上更加迷人的风景。

系统思考，主动作为，全面推进"双减"

学生负担过重，是基础教育的顽疾，党中央、国务院和社会各界十分关注。2021 年 5 月 21 日，习近平总书记主持召开中央全面深化改革委员会第十九次会议，审议通过了《关于进一步减轻义务教育阶段学生作业负担和校外培训负担的意见》。7 月 24 日，中共中央办公厅、国务院办公厅印发《关于进一步减轻义务教育阶段学生作业负担和校外培训负担的意见》（以下简称《意见》）。教育部同日发文阐述《意见》出台的背景和过程，义务教育最突出的问题之一是中小学生负担太重，短视化、功利性问题没有根本解决，一些问题导致学生作业和校外培训负担过重，家长经济和精力负担过重，严重对冲了教育改革发展成果。8 月 17 日，北京市举行新闻发布会，介绍《北京市关于进一步减轻义务教育阶段学生作业负担和校外培训负担的措施》。

首都教育系统闻风而动，调动各种资源大力促进双减工作，"双减"一时成为街头巷尾的热词，成为教育改革的风向标。一段时间过去，我们有必要对"双减"工作进行进一步的梳理，明晰"双减"的目的，厘清"双减"的思路，优化"双减"的路径，反思"双减"的举措。

一、以人民为中心——"双减"是关乎"国之大者"的民心工程

习近平总书记在多个场合强调"国之大者"，"国之大者"是事关人民幸福安康、事关中华民族伟大复兴、事关党和国家前途命运的大事要事，关乎全局、关乎长远、关乎根本。深入学习习近平总书记关于"国之大

者"的重要论述，准确把握"国之大者"的深刻内涵、重要意义和实践要求，才能对"国之大者"真正做到心中有数。

"双减"是关乎"国之大者"的民心工程。"双减"的意义之一在于占领教育阵地。一段时间以来，课外培训机构占据了学生培养的半壁江山，在学校教育体系外，建立了一个新的教育培训系统。而资本控制下的培训机构，其教育初心、育人宗旨和我们党和国家的教育方针并不一致，有的甚至背道而驰。更有甚者，有机构花巨资占据话语高地，贬低国内教育体系，抹杀学校教育功能，攫取国家教改成果。这种现象还呈愈演愈烈之势，蒙蔽了许多家长，对我国的教育事业造成了很大的冲击，对社会稳定、人才培养、国家发展造成了实质性的损害。减负，已势在必行！

"双减"的意义之二在于减轻教育负担。社会在转型时期，各种矛盾错综交织，教育优质资源稀缺，加上部分民众对教育的期望过于功利，培训机构借机制造、贩卖焦虑，不科学的教育评价也唯分数、唯升学、唯名校，还有个别学校为了追求升学率和名校入学率，以此为噱头标榜自己的加工能力。家长焦虑，担心自己的孩子没有参加额外的课外班，没有学到该学的考试技巧，没有得到相关的招生信息，将来考不上理想的学校，不让孩子上培训班不行。教师焦虑，担心自己的学生没有参加额外的课外班，学习的时间不够，知识的掌握不牢，考试的技巧不足，将来考不了理想的成绩，学生上几个课外班也不是坏事。学生焦虑，担心自己学习的内容不够多，学习的难度不够深，解题的技巧不够活，希望多上几个培训班，又担心作业太多做不完，没时间消化，没时间问老师问题。而课外班高昂的收费，增加了家庭的负担，有的家庭绝大多数的收入和积蓄都交了孩子的培训费。课外班高昂的时间成本，把本该用于陶冶情操、增长智慧、锻炼身体、欣赏艺术、社会劳动、锤炼身心的时间都占用了，增添了学生的成长负担。课外课内的教学难度叠加，课外课内的作业量叠加，校内校外的考试成绩的压力，大幅提升了学生的学业负担。减负，已刻不容缓！

"双减"的意义之三在于促进全面发展。学生的成长，身心健康、勇于负责更为重要。而课外培训机构，极少以培养德智体美劳全面发展的建设者和接班人作为他们的教育宗旨。他们关注最多的，无非是学科成绩、考试分数；使用手段最多的，就是培训拿分技巧、考试绝招；宣传最多的，也是某某同学经过培训，提升了多少分，考上了某某学校。在校内，有的老师为了提高学生的成绩，寄希望于课外时间，布置大量的作业，对学生造成了极大的负担。在家里，家长也存在本领恐慌、辅导焦虑，额外给学生报班，买练习册。"双减"就是要改变这一现象，规范校外培训机构的行为，激励学校履行全面育人的使命，把课堂还给学生，把校园还给学生，把时间还给学生，注重学生的健康成长，关注学生的个性发展，聚焦学生的全面发展。减负，已众望所归！

二、以育人为根本——"双减"是落实"立德树人"的必由之路

在 2018 年的全国教育大会上，习近平总书记指出，全面贯彻党的教育方针，坚持马克思主义指导地位，坚持中国特色社会主义教育发展道路，坚持社会主义办学方向，立足基本国情，遵循教育规律，坚持改革创新，以凝聚人心、完善人格、开发人力、培育人才、造福人民为工作目标，培养德智体美劳全面发展的社会主义建设者和接班人，加快推进教育现代化、建设教育强国、办好人民满意的教育。要把立德树人融入思想道德教育、文化知识教育、社会实践教育各环节，贯穿基础教育、职业教育、高等教育各领域，学科体系、教学体系、教材体系、管理体系要围绕这个目标来设计，教师要围绕这个目标来教，学生要围绕这个目标来学。凡是不利于实现这个目标的做法都要坚决改过来。"双减"，是落实立德树人的必由之路。

立德树人是教育的根本任务，学校是学生健康成长的坚实保障。"双减"，正是基于为党育人，为国育才的大格局下的举措。一方面，治理课外培训机构，减轻学生的培训负担，把大量的课业培训时间还给学生，让他们有更多的时间和精力去培养兴趣、发展特长、展现个性，让他们有更多的时间和精力去关注社会、思考人生、规划未来，让他们有更多的时间和精力去修炼身心、关爱他人、回归家庭。另一方面，学校深挖潜力，统整课程，提供更多的课后服务，帮助学生培养体育和艺术特长，帮助学生开展演讲、辩论、话剧等社团活动，帮助学生开展读书活动、学习小组活

动、科技创新活动，帮助学生梳理学科知识、反思学习方法、培养学习习惯，帮助学生开展传统文化、革命文化和地域文化的学习和探究，帮助学生开展研究性学习、实践性探索和人际交往活动。总之，学校应该开展多种多样丰富多彩的活动，学生在学校里就能学到各种各样的本领，学校不仅仅是学生活动的校园，还是学生喜爱的花园，学生信赖的家园，学生成长的乐园。

三、以发展为准绳——"双减"是推进"核心素养"的创新实践

2021 年 4 月 29 日，第十三届全国人大常委会第二十八次会议通过关于修改《中华人民共和国教育法》的决定，将其第五条修改为"教育必须为社会主义现代化建设服务、为人民服务，必须与生产劳动和社会实践相结合，培养德智体美劳全面发展的社会主义建设者和接班人"，将党的教育方针落实为国家法律规范。

要实现党和国家的教育方针，就要培养全面发展的人。早在 2016 年发布的《中国学生发展核心素养》就明确指出，我们要以培养"全面发展的人"为核心，学生的核心素养分为文化基础、自主发展、社会参与三个方面，综合表现为人文底蕴、科学精神、学会学习、健康生活、责任担当、实践创新等六大素养。"双减"一方面纠正片面追求学业成绩的不良倾向，另一方面关注学校课程的丰富性和育人的全面性，"双减"正是推进落实学生核心素养的创新实践[①]。

作为学校，课后服务时间为学校的主动作为提供了充分的条件。我们要提供多样化的课程，夯实学生的文化基础。我们提供基础型课程，为学生的发展奠定最坚实的科学文化基础；我们提供开拓型课程，为学生的可持续发展提供更多的渠道；我们提供研究型课程，引领学生的多维成才。我们要提供个性化的辅导，激发学生的自主发展。我们鼓励自主学习，学生自主选择学习资源，自主选择学习方式，自主选择学习进度，自主监控学习效果。我们鼓励小组学习，学生打破班级界限、学段界限组建学习共

---

① 核心素养研究课题组. 中国学生发展核心素养 [J]. 中国教育学刊，2016（10）:1-3.

同体，让同伴互助、差异包容产生学习效能。我们鼓励探究学习，学生探究教材中的原理，探究实验的设计，探究生活中的应用，探究跨学科的整合。我们要提供专业化的平台，鼓励学生的社会参与。我们提供生涯规划和职业体验课程，搭建各类学生特色发展的平台，学生根据自己的兴趣、能力和特长，参与平台的管理、制度的制定、活动的筹备、职位的竞争、同伴的评价，从而帮助他们参与社会的合作，参与社会的竞争，参与社会的治理，融入社会生活，承担社会责任。

在落实"双减"的过程中，我们在为取得各项成果而欣喜的同时，也要清醒地认识到，我们的措施也会在一定程度上出现某些偏差，比如说为了统一行动而较少考虑到学校差异、为了增加课后服务而较少考虑到教师负担、为了加强校内管理而较少考虑到家长需求、为了实现预期目标而较少考虑到客观约束，等等。而这些，都是前进中的问题，都会随着"双减"工作的持续推进逐渐加以解决。在"双减"的大背景下，我们作为教育工作者，要明确方向、勇于担当，要系统思考、深刻认识，要主动作为、奋力划桨，努力做好本职工作，努力培养祖国未来的建设者。

以"课联网建设"助推区域教育高质量发展

为探索推进北京市"互联网＋教育"新模式，在广泛调研学校和互联网教育企业的基础上，2021 年 4 月，北京市教育委员会印发《关于推进"互联网＋基础教育"的工作方案》（以下简称《方案》）并积极推进"互联网＋基础教育"落地应用，总体设计"3+4+5"，即打造三个课堂，构建四种能力平台，形成五个工作机制。2023 年 4 月，北京市召开数字教育大会，以"数字赋能与教育创新"为主题，通过研讨数字变革，共话转型发展，大力推进北京教育数字化转型发展，以教育数字化支撑首都教育高质量发展。

石景山区教育系统坚持以最高标准逐步落实方案要求，借助合作办学、集团化、九年一贯制等办学模式，推进数字新基建，打造"双师课堂""融合课堂"，选拔培训了一批优秀教师参与北京市空中课堂录制，涌现出了一批以"三课堂"为核心的科研课程成果。以此为契机，以下为进一步推进"课联网建设"，助推区域教育高质量发展的几点建议。

一、目前存在几个问题

（一）优质资源辐射度不深入

以我区教育布局现状为例，已经构建了"四个学区横向交接、八个集团纵向引领"的发展格局，优质教育资源覆盖面不断扩大。在坚持"外引"和"内培"相结合的模式下，初步构建了"大学—区域—学校"、区外品牌学校合作办学、区内优质学校扩办分校、名校特色课程引入等机制，但集团与集团之间、优质资源引进校牵头的集团内部多元优质资源共享程度不够，出现了凭借"人无我有，人有我优"的资源性限制的不良竞争。学区之间、学校之间交流减少，资源的流动持续减弱，优质校由于本身积淀相对受到的冲击较小，但是本身就薄弱的学校由于视野窄、资源少以及生源限制等客观性因素的制约，就会更加缺乏竞争力与吸引力。长此以往，由量变到质变的结果就容易引起优质资源倾斜导致的教育挤兑，不利于教育的均衡发展。

（二）信息化建设体系不具体

自 2021 年"双减"政策落地以来，区域以政策撬动教育教学整体变革，积极推进了"融合课堂""双师课堂"建设，筑牢了"互联网＋教育"新模式下信息化的硬件保障。但就目前的情况来看，"融合课堂""双师课堂"等信息化课堂模式大多局限于示范课例，并没有深入地融进日常教育教学中。究其原因，是目前还没有设立体系化、系列化的工作推进机制；没有建立可持续、定时更新的优质教育教学资源供给；没有形成科学规范、简单易学的信息化课堂模式指导性纲要，从而导致了教师不了解"互联网＋教育"新模式的内涵与外延，不掌握信息化工具与设备的使用方法，在需要优质资源的时候找不到渠道。

（三）资源成果特色化不显著

随着"互联网＋教育"新模式的不断推进，我区已逐步形成一批具有区域特色的教育教学成果，例如机制建设案例、优质课程资源等，也借机培养了一批具备授课能力的高素质教师。在"双减、双新"大政策背景下，石景山区"互联网＋教育"新模式的成果优势并不明显，与先进地区存在差距。基于本区的课程融合、资源整合、师资结合特色化不显著，教育影响力和话语权不充分，区域教育的整体水平需要进一步提升。

二、可行的对策建议

一是以"互联网＋"为媒介，深化优质资源辐射广度与力度。以集团化办学为牵引，在集团内部推进"双师课堂"的深度实践，特别是以"优质教育资源引进校牵头的集团"内，校长要发挥好桥梁性作用，切实扩大资源辐射的深度与广度，以"双师课堂"为抓手和途径，将"好课""好老师"带入石景山。通过跨区域教师间的沟通互动、备课磨课等活动，达到平衡区域教育水平差异的效果，沉淀一批适合石景山学生发展的优质教育教学资源，为西部教师队伍综合素养提升做出贡献。

二是以"信息课程平台"为载体，推进体系化优质课程建设与推广。我区要进一步加强信息课程平台建设，在教育一线寻找"好课"，发现"好教师"，学校和教研部门共同肩负起推荐优质课程、优质教师录制或现场讲授相关课程的任务，做好优质课程的整合工作，以平台为载体，逐步构建集团之间、集团内部的"课联网"。当学校、教师有资源需求或遇到突发情况造成停课停学等状况时，教师能够第一时间找到相关的课程、联系到相关的教师，为学生的学习和发展保驾护航。同时，平台也最大化程度地将教育优质资源送到教育最前沿，成为教师轮岗机制的有力补充，为实现教育的均衡提供更加便捷有效的途径。

三是以"科研先导"为抓手，加速优秀课程成果的梳理与提炼。鼓励教育集团、学校、教师开展"互联网＋教育"新模式的探索，特别是"以科研为先导"的"课联网"建设的尝试。在教学和科研第一线，不断总结实践探索经验，不断探究问题解决途径，不断加强课题研究，通过持续地实践、修正与提升，梳理总结出可行性强、受众面广的优质成果，在不断交流与推广的过程中，实现教育的融会贯通与共同发展。

教育兴则国家兴，教育强则国家强。建设教育强国，是全面建成社会主义现代化强国的战略先导，是实现高水平科技自立自强的重要支撑，是促进全体人民共同富裕的有效途径，是以中国式现代化全面推进中华民族伟大复兴的基础工程。以"课联网建设"助推区域教育高质量发展，是一条有效的路径，需要我们为之不断努力。

让数学课堂闪耀理性的光芒

数学教育的核心任务是发展学生的理性思维以及培育学生的理性精神。作为数学教师，要让自己的数学课堂充满理性思维，彰显理性精神，闪耀理性的光芒。

一、尊重规律，奠基数学理性的光芒

数学的理性首先体现在尊重规律。数学是讲道理的学科，数学的推理论证，观察归纳，都是培养学习者发现客观规律、理解客观规律、尊重客观规律的重要载体。数学课堂上，我们通过严谨的数学表达、严密的数学推理、深刻的数学思维，奠基数学理性的光芒。

在数学课堂上，培养学生尊重知识的内在规律，尊重学习的规律，尊重事物发展的科学规律，这也是数学教育的重要任务。只有尊重规律，我们才能立足于学生的实际，循序渐进提高能力；只有尊重规律，我们才能着眼于学生的未来，着力于他们的可持续发展；只有尊重规律，我们才能脚踏实地，统筹兼顾，科学发展。

二、独立思考，探索数学理性的光芒

独立思考是数学理性的又一特点。有一个流传广泛的故事，告诉我们独立思考的重要性：最早完成原子核裂变实验的英国物理学家卢瑟福，有一天晚上看到实验室里有一个学生正俯身在工作台上。"这么晚了，你还在做什么？"卢瑟福问道。"我在工作。"学生随即回答说。"那你白天做什么了？""我也在工作。""那么你早晨也工作吗？""是的，教授，早晨我也工作。"学生带着谦恭的表情承认了，并等待着这位著名学者的赞许。卢瑟福稍稍沉吟了一下，随即简短地问道："可是，这样一来你用什么时间来思考呢？"可见，在卢瑟福这位大科学家的心中，思考在学习和科研中是多么的重要！

数学中到处蕴藏着问题，解决这些问题需要独立思考。数学课堂上推崇的探究、交流，其前提条件也必然是学生对所研究问题的深入思考。培养学生的独立精神和独立思考能力，是数学教育的重要功能。

思考是行动的眼睛。在数学课堂上，通过对已知条件的分析，解题策略的选择，解题过程的回顾，解题细节的斟酌，让独立思考成为探索数学理性光芒的眼睛。

三、勇于创新，点燃数学理性的光芒

美国著名数学史专家克莱因曾经对数学有过如下的赞美："数学是人类最杰出的智慧结晶，也是人类精神最富独创性的产物。音乐能激起或平静人的心灵，绘画能愉悦人的视觉，诗歌能激发人的感情，哲学能使思想得到满足，工程技术能改善人的物质生活，而数学则能够做到所有这一切。"

教学课堂上要给学生创新的时间和空间，引导学生克服思维定式，培养思维品质的深刻性、灵活性和批判性，并在此基础上实现创新。在师生共同解决问题的过程中，教师要给学生留一定的时间，引导学生积极参与思考，鼓励学生展示不同的方案和思路，教给学生创新的方法。我们要鼓励学生大胆质疑，勇于提出问题，鼓励他们去探求、尝试和发现，从而解决问题。让勇于创新点燃数学理性的光芒。

四、学以致用，闪耀数学理性的光芒

华罗庚曾说过："宇宙之大，粒子之微，火箭之速，化工之巧，地球之变，生物之谜，日用之繁，无处不用数学。"简单一句话，已经非常深刻地说明了数学应用的广泛性。

新课程强调数学的应用，这也与数学学以致用的特征不谋而合。数学课堂上引导学生用数学的眼光去观察、分析、解决生活中的问题，强化学生数学应用的意识。当学生能用数学的眼光、数学的思维来剖析身边的生活现象时，学生就能逐渐养成用数学的思想、方法去观察生活、认识世界的习惯。学以致用，才能闪耀数学理性的光芒。

我们应该在学生中树立数学有趣、数学有用、数学有味的观念，带领学生感悟数学严谨的科学性和鲜活的艺术性，逐渐培养学生学好数学的信心。教给学生最自然、最符合客观规律的思考问题的方法，教给学生最直观、最敏锐的观察事物的方法，教给学生最朴实、最和谐的解决问题的方法，教给学生最实用、最简捷的数学表达的方法。鼓励学生从枯燥、烦琐的数学题海中跳出来，形成绿色、生态的数学解题习惯、数学学习习惯和数学思维习惯，让数学成为学生成长中的好伙伴，让数学课堂闪耀理性的光芒。

从一到九班级应用　见证数学实验教育

　　本文根据《中国教育报》于 2015 年 4 月 22 日进行的采访报道整理而成，主要探讨的议题为"新技术在数学教学中的应用"。

　　北京九中作为教育部门"数学实验室建设研究"课题组的实验校，从一个班级应用数学实验教学模式起始，在短短一年内，拓展到初中、高中、新疆内招班等 9 个班级应用，成效斐然。2015 年 4 月 21 日，课题组举办的 e- 数学实验教学学术研讨会在九中举行，来自国家教育部门、北京市教育部门的领导，北京数学教育界专家及一线教师，还有来自吉林、浙江、湖南等兄弟省市的数学实验教学实践者，观摩了新疆内招班和高中二年级的两堂数学课及学生作品的展示，"震撼""创新""普及"是专家和领导点评的若干关键词。

一、缘起　翱翔计划和学生数学作品

　　记者："震撼""创新""普及"是我在点评中听到的高频关键词，是什么机缘促使您带领北京九中走向数学实验教学之路？

　　林乐光：我是数学老师出身，当校长以前做过石景山区数学教研员。在 20 年数学教育生涯中，有一个问题一直困扰着我：我们对孩子计算能力、演绎推理教育，应该坐在世界前排，但是，数学教育中的归纳能力培养，也就是数学实验教学，长期缺失；而这种缺失恰恰影响了孩子解决实际问题能力，也就是创造力的养成。2013 年暑期，我带我们的学生参加了在北京十五中举办的"北京翱翔计划夏令营",当时的主题是"翱翔在数学与技术之间"。孩子们在短短几天之内,无师自通,居然用惠普赞助的 HP Prime 图形计算器,做出了让我难以置信的数学作品。2014 年春季,引进了第一套 HP e- 数学实验室。

二、试点 赵慧娥老师的班级应用初见成效

记者:新技术引入几十年不变的数学教学课堂,是相当困难的过程,您如何解决此问题,特别是如何调动关键人"教师"的积极性?

林乐光:引进新技术,改造数学课堂,难的不是技术应用,而是教学模式的改变。当时有两种声音,普遍培训数学教师、大家全用,或者选择试点教师、带班应用。积极、聪慧的年轻数学教师是我们选择的标准,我们锁定了青年教师赵慧娥,在她的高一班级开始了常规课堂教学应用探索和尝试。

赵老师是有心人,在厂家技术人员的支持下,快速掌握了技术应用。应用一个月后,她的课堂成为我们学校的亮点,也成了石景山区数学教学观摩示范,还多次在全国性的数学教育会议上亮相。

三、拓展 数学实验教学常态化

记者:赵慧娥老师以教研员的身份主持了研讨会,这样的人才流失您怎么看?现在九中有 9 个班级应用数学实验教学模式,您对未来又是怎样规划的?

林乐光:去年暑期,赵老师离开九中,到新的岗位任职,站在校长的角度上当然是难舍的,但站在数学教育的角度上又是很欣慰的,她现在已然成为数学实验教育的新秀,还成为数学教师国培项目讲师。

赵老师的成功,给九中的数学老师带来的是震动。一批数学老师主动请缨,要求用新技术带班教学,去年 9 月,我们增加了 4 套惠普 e- 数学实验室,扩展到 5 个班级,今年,我们又扩展到 9 个班级跟班应用。在数学实验教学模式从试点,到接纳,再到逐步深入到常规课堂教学过程中,

教师的变化是惊人的，可以说，"培养数学创新人才"的目标因教师积极投入而加速实现。

四、新大陆 新疆内招班的数学课堂

记者：今天观摩了新疆内招班高中数学课和学生作品展示，没看出他们与内地孩子在数学能力上有何差距，新技术真能改变少数民族孩子的数学教育？

林乐光：您很关心民族学生数学教育，非常感谢。少数民族孩子数学成绩差，自恢复高考改革至今未能提升，是教育界高度关注的问题，教育部门民族司提出以提高数学为龙头的理科教育，是抓住民族教育的关键。

2014 年 9 月，我们在拓展试点过程中纳入新疆内招班。我们惊讶地发现，少数民族孩子应用技术探究数学的能力并不亚于内地学生。新技术确实改变了少数民族学生的数学教育。我们计划率先在新疆内招班实现数学实验教学的普及应用。

中高考数学题的正确打开姿势，你 get 了吗

本文根据人民网于 2018 年 2 月 26 日进行的采访报道整理而成，主要探讨的议题为"中高考数学教学"。

中学生普遍抱怨数学科目难学，一些人甚至毕业多年后还会在梦中被数学考试吓醒。在我看来，大家都说数学难，其实难就难在思维方法上。

当教研员的 5 年里，我经常去听课，我最反对老师这样开场：同学们，今天这节课很难，一定要认真听讲，要跟着老师的思路走。上课本来是个互动的过程，老师却一手包办，把学生都排斥出去了。俗话说，难者不会，会者不难。再难的题，也应该事先告诉学生方法，让学生自然而然地推进，最后老师总结并鼓励：这道题非常难，同学们却能够做对，真不错！

1993 年，我从华东师大数学系毕业后成为一名数学教师。头三年的教书时光，我还很盲目，还没"开窍"，以为备课教课就是抄题、做题、讲题。直到有一次，一个特别有经验的老师带着我们一拨年轻老师到处听课，并做课题、做研究，我才恍然大悟老师还可以这样当。

学数学，做题很重要，但最重要的还是数学的思维方式。在我看来，做数学题就像是盖楼，盖楼时需要先把结构搭好再装修。而老师往往是盖了一层楼，就装修得很漂亮，再盖第二层，再装修得很漂亮。如果没有事先把整体结构告诉学生，他们就不知道你的每一次装修是为了什么，也不知道你接下来的动作与整体结构的关系是什么。

在我看来，学生抱怨"数学难"主要是因为人人都想拿到最高分。考

试时，大部分学生尤其是好学生觉得前面的题简单，快做，结果匆匆忙忙把会做的题做错，然后冥思苦想完成的题也没有做对，这样怎么拿得到高分呢？卷子上全都是血淋淋的教训：简单的题丢 5 分常见，但后面的大题想拿到 5 分太不容易。数学科目如此，其他科目考试道理也是一样的，不能为了追求高分而忽视基础知识上的得分。

拿多少分能上个好大学？我来为大家算一笔高考账：拿到总分 750 分的 80%——600 分就能考上一个非常好的大学，拿到总分的 90% 就能进清华北大。

以前我的老师跟我讲，做数学题不应该是一上来就动笔写，一定要先想。第一是弄清问题；第二是制订方案；第三是实施，才开始动笔；第四步回顾反思。而大多数学生习惯于从第三步开始，一上来就动笔写，写得不对就画掉再写。

苏格拉底曾说，未经过思考的人生不值得一过。在我看来，数学题也是人生，也要思考，先弄清问题再制订方案。一道题如果有两三种解题方法，可以选择自己擅长的，也可以选老师经常讲的，还可以选不容易出错的"笨"方法。

目前，不少小学生三年级开始就报课外班学习奥数。在我看来，奥数有两类。一类奥数的本质是提前学习后面学段的内容，没有意义，我不赞成学；另一类奥数则是开发智力，激发解题的开阔性、思维的发散性，但是真正能把奥数讲得好的人特别少，因为它需要对数学有很深的理解之后才能向学生输出。

以教育集团为依托，推进作业有效性改革

本文系北京市"十二五"规划办课题"教育集团背景下的有效作业途径研究"成果。

随着课改与考改的进一步深入，作业已不是传统意义上的课后训练，而是融汇在学习的全过程中；已不是附属意义的学习活动，而是发展成为另一具有独立意义的学习活动，成为体现自主、合作、探究等学习方式的载体。借助于作业，教师引导学生开展自主学习，使之成为承载学习内容、体现学习方式、实施过程性评价的任务。

在这样新的研究视野下，九中教育集团以作业有效性为出发点，以集团为依托，实行教学改革与管理，以期建构起与新课改相适应并能有效提高学生学科能力和素养的作业模式，提高学习效率，促进学生发展。同时，期待通过作业研究带动备课改进，从"教学设计"转向"学习设计"。更重要的是通过教育集团的协同合作，打破学制壁垒，使中小学衔接、初高中衔接更加顺畅，整体规划集团内的教学工作，进一步提升教学质量。

一、适应课改新形势，进行集团作业改革

（一）克服"拿来主义"的作业，关注"教学—作业—评价"的一致性

拿来主义的作业是指课后习题、教辅练习、教师整合的现有练习等。这些作业虽然在一定程度上起到了训练学生思维、巩固知识的作用，但千

篇一律、缺乏针对性、层次性、创造性，很难达到理想效果。尤其是有些学习内容，课内没有现成的作业，就更需要教师发挥主观能动性，自主设计作业，并与课堂教学相结合，使学习"有效果、有效率、有效应"。为此，教育集团各学段依据各校实际情况制订有效作业标准，除考虑课标要求、学科特点、学生素养之外，更关注"教学—作业—评价"的一致性。

（二）减少仅具有训练意义的作业，把握不同学习阶段作业的功能与特点

有效的作业必须是教师清楚"该作业在整个学习过程中的作用"，学生了解"该作业的目的与学习意义"。因此，作业不仅仅是训练意义上的作业，更要考虑到作业的功能与特点，如引导预习的作业、促进理解的作业、提高熟练性的作业、意在判断的作业、形成讨论的作业（合作任务）、重在体验的作业、促进知识体系形成的整理作业，等等。因此，九中教育集团根据不同的学段、不同的学习时期、不同的学习任务，布置不同功能的作业。

（三）将作业作为形成性测试，发挥作业的诊断与补偿功能

九中高中部曾对各年级的作业时间、作业数量、作业批改等内容进行过调查，统计结果表明，大部分学科的作业都能做到及时反馈，但是有些学科的作业却缺少分析的环节，这就会削减学生完成作业的积极性。为此，九中教育集团进行作业改进的尝试，将作业作为形成性测试活动，制订全面的评估标准，并与学生分享；教师要通过集体批阅与讨论，确保批改标准的准确性，并为学生提供详细明确的评语，关注学生思维状态，提高作业的有效性。

二、探索有效途径，形成集团化作业方案

将作业融汇到学习的全过程。预习作业，是思考的铺垫，梳理联系，即时反馈；随堂作业引导学习进程，促进理解，辅助记录；平时的课后作业起到巩固理解、及时整理、帮助记忆、提高熟练性、诊断缺陷的作用。不仅如此，还设计单元任务，以整理结构，并进行针对性补偿。当然，周末作业与假期作业的设计更是要彰显教师对作业的驾驭程度。为此，集团

内部推行有效作业设计的"三步走"方案。

第一步，结合课程标准，透视作业意图，并反思拿来主义的作业，判断该作业是否符合作业的功能，变拿来主义作业为自主设计作业，进行日常作业的改进。第二步，选择修改不满意的问题，在鉴赏与改编作业中学会编制作业，进行作业设计创新。第三步，梳理有效作业的特点，思考如何设计、整合作业。

三、各学段垂直整合，阶梯推进有效作业

（一）以各学段教学重点为主题进行主题作业设计，构建系列化作业

依据各学段、各学科课标与北京出台的中小学教改意见，小学及初高中学段都进行不同的作业设计。小学阶段以主题活动作业设计为主，初高中以学科专题作业设计为主，强调差异性和序列化，注重各学段内部学科知识及小初高跨学段的衔接。

（二）进行跨学科作业的搭配、融合，探究作业的整体性

跨学科融合作业。跨学科作业，首先应注重基础资料、基本知识的学习和积累以及能力的培养，强调学习重点应放在所针对学科的基础内容、问题、思想和材料上；其次，促进学生学习的综合化，使学生的知识结构和知识体系成为一个紧密联系的整体，以全面的观点认识世界和解决问题，培养学生的基本技能、批判性的思考能力、解决问题的能力等。

同一主题垂直整合作业。以学段为单位，根据各自不同的年龄特点和学习内容，布置不同层级的知识作业、阅读作业、实践作业、探究作业。作业的布置不可各自为政，必须注意不同学段内部的有效衔接。为此，同一主题的垂直整合作业不仅要求教师贯通了解各学段知识，更要考虑到学生的知识水平、思维发展能力等。

生活实践作业。将学科的知识学习与生活实践相结合，将多学科的知识融合在一份作业中，在巩固学科知识的同时，提高学生利用知识分析、解决问题的能力，培养学生的合作探究能力，训练学生的思维素养。

有效作业途径的设计与实施，是九中教育集团教学改革的一项新举

措，使我们更加明确了教改与考改的趋势和内容，明确了课堂教学的实质及对学生的培养要求；同时加强了各集团校之间的联系，将个体与主体相结合，实现优质资源的互补与发挥，对推动区域教育教学质量提升起到了至关重要的作用。

以学科阅读促素养提升

　　中国人往往把学习叫作读书，可见阅读在人们心目中的重要地位。古之官员、乡绅、学者，都非常重视阅读，有联云："数百年旧家无非积德，第一件好事还是读书"，尤其指出了读书的重要性。古人读书、修学是为了提升自己的道德学问、人生境界，读书的根本在于通过读书去发现本心，显发明德。西汉学者刘向曾经说："书犹药也，善读之可以医愚。"意思就是说书好比是药，如果我们善于读书，可以医治我们的愚痴之病。因此古之读书人，以读书为荣、以读书为乐，更以读书为业。

　　尚读文化，由来已久，延续至今。杨绛先生就对读书做过一番精妙的比喻，她说："我觉得读书好比串门儿——'隐身'的串门儿。要参见钦佩的老师或拜谒有名的学者，不必事前打招呼求见，也不怕搅扰主人。翻开书面就闯进大门，翻过几页就升堂入室；而且可以经常去，时刻去，如果不得要领，还可以不辞而别，或者另请高明，和他对质。"可谓生动地道出了读书的妙趣与意义。著名作家曹文轩更是给读书人下一个定义："拥有过去、现在和未来的人，叫读书人。"由此看来，读书除了可以养性，更是丰富个体生命体验的重要途径，还可以帮助我们发现前方，引领我们走向前方。

一、学科阅读的深厚传统

　　春秋时期，孔子总结前人思想，修《春秋》，办私学，开启了规范教材的先端。此后经过多年的发展，"四书五经"成为古代文人学习的经典，诵读、研读传统经学也成为文人学习和科举选才的主要路径。基于此，古代圣贤对读书提出了很多建议和见解，如朱熹就提出了读书有三到，谓心到、眼到、手到，对阅读方法加以提炼和推广。

此后，"经史子集"成为读书人的必修教材。历朝历代的学子们，不断熟习、不断吟读，不断联系实际，作文论事，成就学业，饱读诗书成为有学问的代名词。无论是思想家，还是政治家、军事家，都要不断学习经典，不断提升能力，不断成就功业。

正是由于中国历来重视阅读，即便是印刷术发明之前，人们也能用木简、帛书，代代传诵经典作品。虽历经多年战乱和时代变迁，中国的文脉依然得以传承，这和大家重视阅读是分不开的。

除了占正统地位的文学之外，其他的学科也是重视阅读的。在思想方面，诸子百家的学说一直延续至今；在政治方面，史论和政论典籍一脉相承；在军事方面，《孙子兵法》影响深远，夜读兵书的传统令人称颂；在数学方面，各类算经、测量术代代相传，《算经十书》成为隋唐时期国子监的算学教科书；在医学方面，自《黄帝内经》起，医者往往通过医学古籍的阅读和疑难杂症的实践成为代代名医，为百姓解除痛苦；在科学方面，无论是建筑、天文、农学、地理、化学，人们通过研习《梦溪笔谈》《齐民要术》掌握了科学规律，增强了科学素养。

二、学科阅读促素养提升

如今，中国教育正走向"素养时代"，而高品质阅读则是素养生长最有效的手段。所以阅读，尤其是围绕学科认知规律展开的阅读，是所有学生成长最重要的教育路线。

2016 年 9 月，教育部委托北京师范大学，联合国内高校近百位专家参与的《中国学生发展核心素养》研究成果在京发布。核心素养以培养"全面发展的人"为核心，分为文化基础、自主发展、社会参与 3 个方面，综合表现为人文底蕴、科学精神、学会学习、健康生活、责任担当、实践创新 6 大素养，具体细化为国家认同等 18 个基本要点。其中一个要点"学会学习"是这么描述的：乐学善学：能正确认识和理解学习的价值，具有积极的学习态度和浓厚的学习兴趣；能养成良好的学习习惯，掌握适合自身的学习方法；能自主学习，具有终身学习的意识和能力等。勤于反思：具有对自己的学习状态进行审视的意识和习惯，善于总结经验；能够根据不同情境和自身实际，选择或调整学习策略和方法等。信息意识：能自觉、有效地获取、评估、鉴别、使用信息；具有数字化生存能力，主动适应"互联网+"等社会信息化发展趋势；具有网络伦理道德与信息安全意识等。

《普通高中课程方案》指出：掌握适应时代发展需要的基础知识和基本技能，丰富人文积淀，发展理性思维，不断提升人文素养和科学素养。能够自主学习，独立思考，形成良好的学习习惯和适合自身的学习方法。学会获取、判断和处理信息，具备信息化时代的学习与发展能力。

由此看来，学科阅读能力的提高是学生素养提升的关键。学科大概念、学科体系、学科能力，都需要一定的阅读能力跟进。然而，当前中学生普遍存在阅读兴趣不高、阅读动力不足的问题，没有形成良好的阅读习惯与稳定的阅读行为，现有阅读也多侧重信息提取和知识积累。实践更证明，很多学生在概念理解、问题解决、学科素养方面的不足，学科解题能力、学科学业水平的不足，根源往往在于学科阅读能力的不足，阅读能力不足导致的学科学习困难日渐突出。

三、学科阅读能力的培养

学科阅读能力的培养也是学习能力的培养，分指导型的学习以及自我发现型的学习。前者应是学校教学的核心行为，后者则更加广泛地存在于学生的业余生活当中。

对于指导型学习的学科阅读能力培养，关键在于教师对学科阅读内容的把控、引导和评价。教师以教材阅读作为学科阅读的基础，以拓展性篇目及书目作为学科阅读的关键。好的学科阅读，应呼应学生培养目标的各个维度，打通学科知识、概念理解、视野拓展、跨学科整合等的彼此界限，帮助学习者高效更新知识地图，深度拓展认知边界，推动学生学科素养升级。这对教师而言，需要大量的教辅材料去充实课堂，对学生来说，需要大量学科读物帮助他们建构知识体系，通过对学科阅读内容的优化配置，让学生在阅读中受益。此外，阅读评价是教师学科阅读指导的基本要素，好的评价体系可以帮助教师清晰掌握学生阅读的质量，从而更好地引导学生进行阅读。

对于自我发现型学科阅读能力的培养，关键在于学生掌握有效的阅读方法，为主动进行学科拓展阅读打好基础。通过教师的阅读指导，学生掌握一定的阅读方法，进一步提高课外阅读的兴趣，养成自主阅读的良好习惯。其中有几点通用的关键：第一，先进行检视阅读。拿到一本书要先看序言，关注相关说明或宗旨。研究目录页，对这本书的基本架构做概括性的理解，这就像是在出发旅行前，要先看一下地图，做到心中有数。第二，进行分析阅读。边读边思考，重点把握主旨、关注关键细节、带着批判性思维审视作者观点，并主动关联已有知识获得新的启发。第三，边读边记录和批注。记录和批注不仅会让人保持清醒、专注，更重要的在于如果阅读行为是主动的，那就是一种思考，而思考倾向于用语言表达出来。记录能帮助你记住作者的思想，而批注的本质就是与作者对话，从而达到思想的进步。

四、营造良好的阅读氛围

学生在学校里最重要的任务，就是学习科学文化知识。"清晨来到树下读书"，那晨曦下学生专注读书的剪影，是校园最温馨的一幕，也是学生记忆最深刻的美好瞬间。然而，曾几何时，最应该充满欢乐书声的校园，却没有了学子的读书身影。为了营造校园读书的氛围，我们充分利用有限空间，让阅读随时发生。我们新建了文化长廊，长廊两边，是一排排的木制座椅；我们改造了绿色走廊，在水泥凳子上铺设了实木，更适宜孩子们随时坐下；我们在校园的古树下也铺设了木椅，方便学生们坐下读书和休息；还有，我们给每位学生配备了松软舒适的垫子，方便携带，使他们随时在操场、看台、路边坐下读书。

同时，我们开展各种活动，鼓励学生们读书。我们开展经典诵读活动，让经典伴随他们成长；我们开设校园开放图书角，营造孩子们认真学习的"三味书屋";我们举行各种读书比赛,鼓励学生走近经典。我们知道,充满朗朗书声的校园,便是充满生机与活力的学园,便是学生身心成长的乐园,便是教师呵护、家长信任的家园。

目前,我校学科阅读指导体系建设取得了一些实践效果。通过学科阅读能力的培养,提高了学生对学科学习的兴趣,进一步提高了学生的思考力和学习力。与此同时,教师教学能力也得到提升,促进了教育教学高质量发展。

朱永新认为,中小学生的精神成长中,特别需要精神养分搭配全面的、成体系的阅读,特别需要学科内在知识与精神的相互融合与共同滋养。学科阅读作为促进学生全面发展的重要基础,任重道远。因此所有学科都应将阅读作为重要的学习内容和手段,用阅读推进知识的传授,促进学生能力的提升、素养的形成。我们将通过持续打磨学科阅读的内容和方法,打造学科阅读的空间文化,让学生在其中提高自身修养、丰富生命体验,成为一个"拥有过去、现在和未来"的读书人。

家校协同·共促教育

真诚沟通，携手共育

众所周知，一个孩子的健康成长，需要国家、社会、学校、家庭的共同培育，尤其是学校教育和家庭教育，作用更直接，效果更明显。而在实践中，绝大多数的压力都集中在学校层面，我们认为这是不够的，对孩子的全面发展是不利的。因此，更好地发挥家长的作用，实现更高水平的家校共育显得尤为迫切。

目前，家校之间的关系整体上是良性的，合作共育已经成为共识，但也难免有个别家长因为种种原因对学校教育不甚满意，埋怨指责的现象时有出现。那么如何更好地做好家长的情绪管理，更好地营造孩子的成长环境呢？

一方面，一定要真诚沟通。家长的教育背景和职业背景远比学校教师宽泛，他们的思维、待人接物的方式以及表达习惯不尽相同。作为学校教师和管理者，一定要尊重家长的诉求，倾听家长的表述，了解家长的态度，做到真诚沟通，相互理解。曾经有一位家长抱怨由于孩子的课桌有点晃动，影响了孩子的考试成绩。由于班主任老师觉得这是小事，成绩与课桌也不存在因果关系，忽视了家长的诉求。结果家长很不满意，甚至指责教师的师德有问题。后来，经过学校的调解，为孩子换了课桌，在进行了深入的沟通后，家长消了怒气，对学校的工作也更理解了。事后反思，其实家长也明白，学生成绩不好的主要原因不在于课桌不稳定，但是家长期待孩子取得好成绩，压力很大，需要一个出口，而抱怨可能就是一个宣泄的途径，老师只要耐心倾听，和家长共同找到孩子进步的途径，一切就都会迎刃而解。

另一方面，一定要携手共育。孩子的成长包括诸多方面，需要家校共同努力，相互协调，整体推进。一般说来，孩子在学校学到更多的是如何管理自己的学业，如何处理好同伴关系，如何调试自己的心理状态，等等；而同样重要的如何孝敬老人，如何待人接物，如何养成良好的生活习惯，如何遵守公共秩序等，家长的力量更为重要。曾经有人说过"5+2=0"，意思是说学生在学校的五天教育成果，周末两天就基本消失殆尽，这从一个侧面说明家庭教育缺失的严重后果，也在一定程度上说明了家庭教育的重要作用。因此，在孩子教育方面，学校和家庭都有不可推卸的责任，都应承担相应的职责，不能互相推诿，更不能互相指责。

总之，学校教育也好，家庭教育也罢，都是孩子教育的有机组成部分，二者不可偏废。家校双方在培养孩子的大方向上是一致的，只有加强沟通，携手努力，才能营造良好的育人环境，才能培养全面发展的人才，才能真正实现我们的教育理想。

认清家校关系的三个阶段，实现
家校共育的理想状态

    家庭教育和学校教育的关系一直是教育界讨论的热点，专家们基于不同立场展开了旗帜鲜明的讨论甚至是针锋相对的争论。确实，现在的教育面临诸多的发展瓶颈，现在的家长对教育存有较多的变革期待，现在的学校承担着更多的社会责任。我认为，改革开放之后，家庭和学校的关系大致分为三个阶段，只有厘清每个阶段的特点，才能采取有效措施，实现家校共育，达成共同愿景。

第一个阶段——学校起主导作用

    在当时的社会条件下，由于受教育程度和家庭条件的限制，绝大多数家长更多地关注自己的工作，无暇顾及孩子的教育和成长，因而学生教育的职责更多地交给了学校。而此阶段，教师具有足够的权威，甚至对学生采取的一些体罚行为，也能为社会和家长所理解。这一阶段一直持续到20世纪90年代中期。

    在这一阶段，学校处于教育的核心地位，家长对学校十分支持。教育虽然属于"粗放经营"的状态，但仍然飞速发展，在一定条件下满足了社会的需求，培养了一大批优秀的人才。

第二个阶段——家长期待更多的话语权

目前我们正处于这个阶段，虽然孩子的教育仍然主要依靠学校，但是家长已经站到了台前，起到了更加积极的作用。家长更加关注学生在学校的感受，希望自己的孩子受到更多的关注，期待对孩子的教育有更多的发言权。另外，社会对教育空前关注，但舆论的主导权并不在学校的手里。而有的学校和教师还没有充分认识到时代的变化，还或多或少沿用以往的教育方式，在教育学生方面存在一些瑕疵，在社会舆论面前往往非常被动。

这一阶段，家长诉求更加多元，社会舆论更加严苛，家校关系既联系紧密又较为脆弱，学校承受压力很大。出现的有关教育的各种事件，多数是管理不善、沟通不畅、反应不力等原因造成的。所以学校应该更清晰地认识到家长对教育话语权的强烈需求，不断改进学校的管理，多向家长通报孩子的表现和进步，多给家长表达诉求的机会。教师要不断调整自己的教育教学方法，多和家长沟通，精耕细作，培养更多的个性突出的优秀人才。

第三个阶段——家长和学校协同共育

随着社会的进步和教育理念的转变，我们将迎来第三个阶段。在这个阶段中，家长和学校共同携手，关注学生的全面发展，共同面对教育的问题和学生的问题，大家都能以学生发展作为自己的中心任务和终极目标，从不同的角度了解学生的特点，制定合理的规划，采取科学的措施，疏导学生的心理，舒缓学生的情绪，发展学生的能力，提升学生的思维。即便出现种种教育问题，也会站在有利于学生成长的角度，共同协商，共同应对，同舟共济，各尽其责。

在这一阶段，社会对教育更加包容，学校和家长互相信任，教育观念更加先进，教育措施更加科学，教育效果更加突出。学校是家长、学生、教师共同奋斗的家园，共同成长的乐园。

教育关乎我们每一个人，需要我们共同努力，共同担当，尽快从现阶段进入第三阶段，尽快实现家校共育的理想状态，培养更多的全面发展的综合人才。

健全学校家庭社会育人机制的思考

党的二十大报告指出："深化教育领域综合改革""健全学校家庭社会育人机制"。在 2023 年的两会上，不少代表委员也提出了健全"家校社"协同育人的建议和提案，有关"家校社"共育的话题已经形成一个小热点。

培养德智体美劳全面发展的建设者和接班人，是我们党和国家的教育方针，需要社会各界协同发力。初步调查表明，目前大多数学校都设立了家长学校，开设了家长课堂，设立了家委会，定期开展各类活动，初步建立了家校协同育人的机制，形成了不少经验。但学校对社会的协同能力不够，需要政府牵头，需要教育行政部门协调，从而实现健全学校家庭社会育人机制，完善学校家庭社会育人体系，真正实现学校家庭社会协同育人。

基于此，以下是我关于"家校社"共育的若干思考和建议。

一、加强研究规划

教育行政部门协调专门机构，加强协同育人研究，制定协同育人规划，统筹相关工作，整合相关资源。把学校家庭社会协同育人纳入工作规划和计划，推进工作落实，更好地把二十大报告精神落到实处，让理念成为行动，让设想成为规范。

二、形成协同机制

在政府层面，成立区域层面的家长委员会，定期召开以教育行政部门牵头的部门协调会，协商教育优先发展和各方协同育人事宜。定期开展教育政策听证会，听取利益相关者对政策的理解和意见，协调家长、学校和教育行政部门形成一致意见和协同行动。在学校层面，除了定期开展家委会活动之外，建议设立研究专家、社区和资源单位参与的学校发展咨询委员会等，定期开展协商协调。

三、加强考核评估

把教育优先发展和"家校社"协同育人纳入部门考核，各级政府督导部门和教育督导部门对政府相关部门、教育行政部门的工作进行督导考核，纳入绩效考核体系，以考核评估促进工作落实，以考核评估健全协同机制。学校可以尝试实施家庭教育积分制，家长的学时和考核成绩可以折算成学生的过程性学分，鼓励家长主动进行学习和进修，提升家庭教育能力。

健全学校家庭社会育人机制是一项长期的任务，目前已有初步成果，但是在认识和行动上仍缺乏匹配机制，只有加快研究、加大宣传、定期协调、适时考核才能形成完善的机制，才能达成完美的协同。

尊重孩子，平等沟通

为人父母，无不希望自己的孩子能够出类拔萃，能够茁壮成长。可是，孩子是有差异的，有个性的，他（她）的兴趣特长与智能特征是有偏重的，我们不能拿一个标准来要求孩子，也不能要求孩子什么都好。在孩子的成长过程中，父母的作用至关重要。但是，父母绝不能替代孩子，不能以爱的名义为孩子做主。

我家闺女于 1999 年出生，属虎。也许是天生的，也许是后天的，孩子从小就喜欢读书，各方面表现还算优秀，实在是令人欣慰的事情。回头想想这几年对孩子的培养，不敢说有多少经验，只是有些许体会，和大家分享。

每个小孩都是一个小精灵，他们有自己的想法，有自己的标准。我们为人父母需要做的，就是通过不同的途径，尽早了解孩子的方方面面，了解他们的优点，知道他们的不足。这些情况，能够通过和孩子的交流沟通，通过孩子的同伴、老师、亲戚朋友的评价获得，所谓兼听则明。孩子的个性和行为习惯，总能通过日常的行为和社会的交往表现出来。知己知彼，教育孩子的关键是了解孩子。我经常和孩子沟通，听听她对一些事物的看法。和孩子沟通要站在孩子的角度，要与孩子平等对话，平等沟通。

孩子上小学的时候，表现出来对音乐和舞蹈的兴趣。很多人建议孩子学习钢琴，后来我发现孩子特别喜欢古典文学，本身也具有相应的气质，她自己也愿意学习古典乐器，最后尊重孩子的意愿，选择了学习古筝。经过一段时间的坚持学习，孩子在古筝上学到了很多的东西，举手投足也有了一些古典美。再加上后来学习了民族舞蹈，很多人都说她越来越有气质了。后来她写了很多作文，我读起来，似乎都有音乐和舞蹈的韵味在其中。这些作文，为她赢得了多次"春蕾杯"作文竞赛的大奖。

孩子上初中的时候，曾经有一段时间，电视里在播放各种选秀节目，我是不太爱看，但孩子非常喜欢。我就尝试了解《我是歌手》《中国好声音》等节目，与她交流喜欢哪位歌手，喜欢她的什么，为什么喜欢这个人。通过具体的案例，通过许多细节，我关注到并清楚了孩子的想法，尊重她的评判，同时在和她平等沟通的过程中，也明确表达了我的观点。通过这些交流，我们在"做一个怎样的人"这一方面达成了很多共识，这也许是培养孩子优秀品质的一个重要途径吧。直至今天，在行为习惯上，孩子表现出了应有的素质。

孩子上高中之后，我逐渐引导她关注社会现状，有意识地引导她了解社会，鼓励她尽量多地参与社会活动。在学校，她先后参加了学校合唱团、广播社，也组织了新闻社团。我期待她能提高沟通能力、协调能力，提高领导力。在广播社，她负责每周二中午的广播内容编辑，每次的介绍和串词都是她自己的文字，也算是发挥了她的作文强项。在她担任班级卫生委员时，每天都要等值日生打扫完卫生之后才能放学。我看她总是尽心尽责，乐在其中。

当然，孩子的成长过程中也有许多的不如意，也有任性、自我的时候，也给我增加了很多烦恼。这些，其实都是孩子成长中的正常现象，增添的也是父母的"甜蜜的烦恼"。我们以良好的心态对待孩子，孩子也会以良好的心态对待生活。他们一定会成为国家的优秀公民，一定会成为社会的栋梁。

我们期待着。

面对抉择，坚定前行

　　人生有很多选择，高三的学生面临的是生涯中第一个最重要的抉择，那就是选择什么样的大学，学习什么专业。这不仅仅是将来的职业选择，而且也许就是终身事业的选择，故其重要性不言而喻。那么，究竟应该怎样选择高考志愿呢？在这里谈几条原则，供大家参考。

一、了解自己特长，我擅长什么

　　了解自己其实不是想象得那么容易的。我们不仅要了解自己的行为习惯，还要了解自己的思维习惯，更要了解自己的能力倾向。多元智能理论告诉我们，每个人都有自己擅长的智能，我们不仅仅要了解我们通常意义上的特长，还要挖掘隐性的特长，这相当不易。还好，现在有很多软件能测试自己的各项指标，通过各种图表（如能力雷达图），就能很清晰地看到自己的所长和短板，总体上说来有一定的参考意义。我们在选择专业的时候，自然会扬长避短，将来就有更大的机会从事最擅长的职业。

二、明确自己爱好，我喜欢什么

　　一个人如果能从事自己喜欢的职业，那是很幸福的事情。对于自己的爱好，只有你自己是最清楚的。如果你喜欢航天，那就报考有关航空航天的专业，如北航、南航、上海交大、哈工大等；如果你喜欢建筑，那就报考清华大学、同济大学、东南大学、天津大学等；如果你喜欢法律，那就报考人民大学、北京大学、武汉大学、中国政法大学等。这些信息，在相关网站和招生资料上都能查得到。我们需要关注的是，通过努力我能否达到相关学校的录取分数线。我们可以根据自己的考分和相关的分数段，结合往年的录取数据，再咨询相关的高校招生部门，报考适合的专业。

三、清楚职业发展，社会需要什么

社会在发展，每一阶段重点需求的人才会有所不同，就会形成现在流行的所谓冷门和热门。我想说的是，冷门和热门是相对的，我们报考的不能只是现在的热门，而是四年之后或者七八年乃至十年之后的热门，因为那时候你才能走向工作岗位。这就需要一定的前瞻能力。20 世纪 90 年代，教师职业很少有人问津，当时很多人选择下海经商（这和现在的创业是有区别的），首先报考师大的人很少，另外师大毕业生很少去当老师。若干年之后，随着国家对教育事业的投入，教师的地位逐渐提高，其工作稳定性逐渐吸引了更多人的关注。2000 年前后，通信工程师特别紧缺，我们学校很多学生就报考了北京邮电大学等专业院校，那几年北邮的录取分数线非常高，现在他们在工作岗位上逐渐面临业绩压力。而当时的物流业刚刚发展，很多人还不明白是怎么回事，报考人数寥寥，录取分数相对很低，十年之后，情况大为改观。未来十年，哪些人才急缺？有很多预测可供参考，如理财规划师、系统集成工程师、律师、物流师、注册会计师、精算师等。

四、投身改革大潮，国家需要什么

作为一个时代青年，我们还要有家国情怀、国际视野。国家正在进行综合改革的深化，提出了"一带一路"的国家战略，我们的工业 4.0 已经初具规模，高铁、电力、石化、通信等高端装备能力已进入世界前列。在这样的背景下，我们的发展前景非常光明，出生于这样的时代，大有可为。在关乎国计民生的重要领域，在走出去战略布局下，未来几年高速发展的行业会很多。我们投身其间，利国利民。在国家安全方面，军事、科技、环境、粮食、生态、信息等诸多领域，都需要大量优秀的人才。报效祖国，实现价值，是考生的理想和追求，我们作为社会主义的建设者和接班人，也是使命所在，要有自己的责任担当，要听从祖国的召唤，到最需要的领域中去。

总之，在人生的重要抉择时刻，我们要保持清醒的头脑，同时又要满怀激情，选择好目标之后，奋力前行，坚持不懈，无论选择了怎样的行业，无论从事怎样的工作，都是在为人民做贡献，都是在实现自己的人生价值，都应该无怨无悔。

胜利就在前方，曙光已经展现，努力吧，学子们，祝你们成功！

如何填报确切的志愿

　　高考填报志愿其实是个技术活。很多家长和考生非常重视高考，执着于每一分的得失，却往往在填报志愿时很"大方"，不在乎几十分的误差。

　　那么，如何才能填报确切的志愿呢？这里有几点体会与大家分享。

　　一是尽早明确自己的专业方向。考生要在老师和家长的帮助下，充分了解自己的兴趣爱好、能力特长、性格特点；了解社会发展对人才的需求，知道目前急需的是什么样的人才，将来可能需要哪些领域的人才，等等；了解就业市场的相关信息，本专业适用于哪些行业、哪些行业的就业形势好、哪些行业的成长空间大。当然，确定了自己的专业方向之后，还要进一步了解本专业的发展前景、前沿动态，了解跟本专业相关的就业机会以及就业之后的基本薪酬、基本工作环境、未来的培训与发展机会等。

　　有一个考生，学习成绩中等。高二时他参加了学校组织的职业体验，非常喜欢当医生，觉得治病救人非常有意义。老师也认为这孩子的气质适合当医生，家里也有人从事医生职业。上了高三之后，由于目标定位非常明确，该生学习成绩提高很快，高考成绩达到645分，第一志愿报考了首都医科大学基础医学的外培计划，顺利考取。

　　二是了解相关院校的招生信息。有了明确的专业方向，我们就能从浩瀚的招生信息中粗筛出几所相关的院校，深入研读这些院校的招生计划，重点专业建设，重点培养方向等，收集比较近几年的录取分数，计算录取分数当年的排名，第一志愿录取的情况等，信息越丰富越明确越好。如果关注就业的话，还可以了解历届毕业生的去向。这时候，查询信息和咨询院校的招生部门是明智的选择。必要的时候，还可以去实地考察一下，看看学校的学习环境，了解本专业的师资情况，或者登录大学的论坛看看。总之，要不厌其烦，毕竟要在这里生活学习若干年。

一位文科女考生，学习成绩一般，高考成绩551分，只比二本线高了24分，全市排名6300名左右。她平时比较喜欢与人打交道，根据往年成绩，报考了中华女子学院人力资源管理、社会工作和会计学等专业，结果被人力资源管理专业录取。从录取的角度来讲，一分都没有浪费。

三是仔细分析自己的成绩排名。自2015年开始，北京市采用知分后填报志愿的政策，考生在填报志愿之前，拿到了自己的分数和全市的排名。有了去年的基础后，今年大家的志愿填报相对来说会更加理性。所以，我们一定要清楚心仪的大学及专业的大致分数段，如：比录取分数线（一本或二本）高多少分，往年录取考生的大致名次等。由于每年的考生人数和录取人数不一样，还要折算成前一年的名次，这些都是必不可少的。只有知己知彼，才能精准填报志愿。

某理科考生，高考666分，全市排名2000名左右，折算成前一年的排名也相差不大。该考生非常喜欢化学，参加过多次化学竞赛并获奖，首选综合大学的化学专业。考后和家长共同分析了天津大学化学相关专业的历年录取情况，并咨询了相关招生人员，最后顺利考入天津大学化学工程专业。

高考志愿填报不是小事，各位考生和家长要充分重视，力求精准，力争考分收益最大化，在院校、专业和地域等综合考量中取得均衡，考入理想的大学继续深造。

学习感悟·砥砺前行

坚定政治方向，坚持立德树人，坚守教育初心

——学习《深入学习习近平关于教育的重要论述》有感

党的十八大以来，以习近平同志为核心的党中央高度重视教育事业在坚持和发展中国特色社会主义战略全局中的地位和作用，把教育摆在优先发展战略位置，全面加强党对教育工作的领导。《深入学习习近平关于教育的重要论述》一书指出，习近平总书记关于教育的重要论述，内涵丰富、思想深邃、博大精深，展现出长远的战略高度、历史深度、全球广度。它既植根于中华民族崇文重教的优良传统，又体现了中国特色社会主义进入新时代的鲜明特征，是马克思主义基本原理与中国特色社会主义思想的重要组成部分，为加快推进教育现代化、建设教育强国、办好人民满意的教育提供了强大思想武器和行动指南。

时任教育部长陈宝生指出，深入学习贯彻习近平总书记关于教育的重要论述，要把握好以下几个方面：第一，切实提高政治站位，深入学习领会和全面准确把握科学内涵和精神实质。第二，落实教育优先发展战略，加快建设教育强国，办好人民满意的教育。第三，落实立德树人根本任务，培养德智体美劳全面发展的社会主义建设者和接班人。第四，把教师队伍建设作为基础工作，建设一支宏大的高素质专业化教师队伍。第五，坚持把改革作为根本动力，以改革激发教育事业发展的生机活力。第六，毫不动摇加强党对教育工作的全面领导。习近平总书记关于教育的重要论述，为新时代我国教育事业描绘了蓝图、指明了方向。

一、坚定政治方向，明确教育是国之大计、党之大计

2018年，习近平总书记在全国教育大会上指出："教育是民族振兴、社会进步的重要基石，是功在当代、利在千秋的德政工程，对于提高人民综合素质、促进人的全面发展、增强中华民族创新创造活力、实现中华民族伟大复兴具有决定性意义。教育是国之大计、党之大计。"

习近平总书记指出："教育决定着人类的今天，也决定着人类的未来。"要把教育摆在优先发展的战略地位。教育优先发展，体现在全社会对教育的重视。教育已经成为社会的主流热点，牵动着全国人民的心。教育优先发展，体现在对教师地位的提升。党中央、国务院明确提出："要提高教师的政治地位、社会地位和职业地位，要在全社会营造尊师重教的良好氛围。"教育优先发展，体现在对教育的经费投入。全国教育经费投入逐年提升，确保了公平而有质量的教育。

对区域而言，2019年8月9日召开的石景山区教育大会，明确了"三区目标"：教育服务区域转型发展先进区、北京市全面促进教育优先发展示范区、学生全面发展示范区，同时提出了"四个一流"具体目标：办一流教育、建一流学校、带一流队伍、育一流人才，为我区教育发展注入了新的活力。

坚定政治方向，要以"九个坚持"为统领，把习近平新时代中国特色社会主义思想转化为优先发展教育事业的生动实践作为教育工作的重要任务。深入学习贯彻习近平总书记关于教育的重要论述，必须牢固树立政治意识、大局意识、核心意识、看齐意识，在政治立场、政治方向、政治原则、政治道路上同以习近平同志为核心的党中央保持高度一致，自觉维护以习近平同志为核心的党中央的权威和集中统一领导；必须大力弘扬马克思主义学风，切实提高推动发展、解决问题的能力，坚定自觉地把党中央各项决策部署落到实处；必须自觉用习近平新时代中国特色社会主义思想武装头脑、指导实践、推动工作，全面贯彻党的教育方针，落实立德树人根本任务，办好中国特色社会主义教育。

二、坚持立德树人，培养全面发展的学生

立德树人是中华民族的优秀文化传统。当今时代，坚持立德树人，我们更需要加强学生的道德教育，帮助他们树立正确的世界观、人生观、价值观。坚持立德树人，就要把社会主义核心价值观融入学校教育全过程，要全面加强学校的德育、智育、体育、美育和劳育工作，坚持文化知识学习与思想品德修养的统一、理论学习与社会实践的统一、全面发展与个性发展的统一。坚持立德树人，就要加强中华优秀传统文化教育，引导青少年学生坚定中国特色社会主义道路自信、理论自信、制度自信、文化自信。

习近平总书记十分关心青少年的成长，他强调，中小学生是青少年的主体，是国家的未来和希望。中小学生要立志成才，必须勤奋学习、提高综合素质，努力做到修身立德、志存高远，勤学上进、追求卓越，强健体魄、健康身心，锤炼意志、砥砺坚韧。

北京九中以"全人教育"为指导，面向全体，提供丰富的课程资源，关注学生的发展基础，提供更多的成长渠道；全面发展，关注学生的核心素养，在文化基础、自主发展、社会参与等方面提供平台；尊重个性，突出特色，给更多的特长学生搭建成才通道。

九中的德育课程体系完整，核心价值观教育、学生社团活动、领导力培养、传统文化传承等方面成绩卓著，得到了社会各界的一致好评。北京九中的模联社团已经成为知名品牌、九中辩论队连续两年荣获石景山区"少年说"辩论赛冠军、学校代表队在2019年北京市冬奥知识竞赛中荣获冠军，这些成绩的取得，都是和学校着力于学生的全面发展分不开的。九中注重德智体美劳全面发展，五育并举，多年来成绩斐然。学校在生涯教育、科技、体育、艺术等方面特色更为突出，高品质的特色教育促进了高品位的学校品牌提升。

教育文库
北京卷

三、坚守教育初心，努力办好人民满意的教育

人民对美好生活的向往，就是我们的奋斗目标。发展为了人民，发展依靠人民，发展成果由人民共享，归根结底是要让人民群众有更多获得感。当前，我国社会主要矛盾已经转化为人民日益增长的美好生活需要和不平衡不充分的发展之间的矛盾。好的教育是人民美好生活需要的首要内容，也是提高人民获得感的必由之路。

办好人民满意的教育，是我们的教育初心。一直以来，九中追求高品质的教育，关注学生的全面发展，尊重学生的个性发展，始终坚守教育本心，坚持社会主义办学方向，弘扬社会主义核心价值观，立德树人，取得了令人瞩目的成绩。

教育的均衡化发展，是民生大计。集团化办学，通过促进周边学校共同发展，努力为百姓提供均等化的教育服务，也为优质均衡这一目标的实现提供了动力和希望。九中教育集团近十年来的办学实践证明，集团化办学提高了优质教育资源的总量，扩大了优质教育资源的覆盖面。教育集团成立之初，借助北京九中的品牌效应，期望优质资源的扩展和共享，使区域内人民能享受到更好的教育资源。近十年来，我们不仅实现了优质资源的共享，实现了北京九中的品牌输出，同时，经过多年的努力实践，教育集团也形成了自己的品牌。北新安小学的传统文化、石景山学校的科技教育、金顶街四小的书香诵读、金顶街二小的阳光体育、九中初中部的课程建设以及九中高中部的师资团队，都形成了自己的特色，成为新的品牌。九中和九中教育集团的品牌相辅相成，交相辉映，形成了新的教育高地。

学校品牌是学校的核心竞争力，传承和创新是学校品牌建设的重要途径。北京九中70多年的实践和积淀，汇聚成九中的金字招牌。我们的使命，就是不断传承，擦亮这个品牌；不断努力，推广这个品牌；不断创新，提升这个品牌。九中高品质的教育实践，就是我们书写的答卷。

站在百年交汇处，开创历史新征程

——学习习近平总书记在庆祝中国共产党成立 100 周年大会上的重要讲话精神体会

习近平总书记在庆祝中国共产党成立 100 周年大会上的重要讲话，回顾了党的百年奋斗史，庄严宣告了第一个一百年奋斗目标的实现，提出了实现伟大中国梦的新的历史征程。七一重要讲话精神，振奋人心，为今后的工作指明了正确的方向。

一、来之不易的四个伟大成就

习近平总书记的重要讲话总结了中国共产党百年来的四个伟大成就：创造了新民主主义革命的伟大成就，创造了社会主义革命和建设的伟大成就，创造了改革开放和社会主义现代化建设的伟大成就，创造了新时代中国特色社会主义的伟大成就。这四个伟大成就，是中国共产党团结带领中国人民，浴血奋战、百折不挠，自力更生、发愤图强，解放思想、锐意进取，自信自强、守正创新，经过艰苦卓绝的伟大斗争才取得的，来之不易。

四个伟大成就，是一代又一代中国共产党人抛头颅洒热血换来的，是一代又一代中国共产党人咬紧牙关坚持奋斗争来的，是一代又一代中国共产党人义无反顾勇往直前赢来的。百年奋斗，中国共产党形成了坚持真理、坚守理想，践行初心、担当使命，不怕牺牲、英勇斗争，对党忠诚、不负人民的伟大建党精神，这是中国共产党的精神之源。

在新的历史时期，我们依然需要全心全意为人民服务、立足本职岗位建功立业的敬业精神，依然需要以小我融入伟大建设的大我之中的奉献精神，依然需要潜心研究敢于突破的创新精神。

二、开创未来的"九个必须"

习近平总书记的重要讲话以史为鉴、开创未来，提出了"九个必须"的号召：必须坚持中国共产党坚强领导，必须团结带领中国人民不断为美好生活而奋斗，必须继续推进马克思主义中国化，必须坚持和发展中国特色社会主义，必须加快国防和军队现代化，必须不断推动构建人类命运共同体，必须进行具有许多新的历史特点的伟大斗争，必须加强中华儿女大团结，必须不断推进党的建设新的伟大工程。

"九个必须"确确实实是以史为鉴总结出来的，也是开创未来的行动指南。"九个必须"是新的百年征程的航标灯，也是实现中华民族伟大复兴的路线图。"九个必须"就是我们今后努力的方向和目标，作为教育工作者，我们要坚持以人民为中心，办人民满意的教育，提供更多的优质教育资源，为党育人、为国育才。在新的历史时期，在教育改革的大潮中，在"双减"政策的背景下，我们要坚守初心、牢记使命，合力向上，不断创造新的辉煌，不断擦亮教育的金字招牌。

三、锐不可当的复兴征程

在实现第二个百年奋斗目标新征程上，中国共产党带领全国人民继续艰苦奋斗，继续开拓进取，不断取得一个又一个新的胜利。中华民族伟大复兴需要各族人民携手一致，需要各个行业合力向上，需要全体人民奋发有为。

今天，中华民族向世界展示了一派欣欣向荣的气象，赢得了世界人民的尊重和敬佩。当然，复兴之路也并不平坦，总有国外敌对势力以不同的方式给我们设置障碍，甚至是动用各种力量对我们进行打压乃至打击，但是中国人民正以无比的自信，昂首走在复兴征程上。在过去一百年艰苦卓绝的斗争中，我们学会了斗争的技巧，提高了斗争的水平，在接下来的新百年征程中，我们会更加敢于斗争，善于斗争，逢山开道、遇水架桥，勇于战胜一切风险挑战。中华民族的伟大复兴势不可挡，中国人民的复兴征程锐不可当。

今后的 30 年，我们将创造历史，我们将见证历史。我们要以"国之大者"的情怀，牢记初心使命，坚定理想信念，践行党的宗旨，永远保持同人民群众的血肉联系，始终同人民想在一起、干在一起，风雨同舟、同甘共苦，继续为实现人民对美好生活的向往不懈努力，努力为党和人民争取更大光荣。

我们已经站在了两个百年的交汇处，我们离中华民族的伟大复兴如此之接近。新的时代，我们将以新的使命感和责任感，义无反顾地担当历史使命、担当复兴大任、担当时代责任、担当改革重任，意气风发地迈向历史新征程。

明确历史新方位，开启历史新征程

——学习党的二十大精神体会

中国共产党第二十次全国代表大会，是在全党全国各族人民迈上全面建设社会主义现代化国家新征程、向第二个百年奋斗目标进军的关键时刻召开的一次十分重要的会议。党的二十大，站在民族复兴和百年变局的制高点，明确了历史新方位；为第二个百年目标的实现规划了更清晰的路线图，开启了历史新征程；为中华民族的伟大复兴奠定了坚实的基础，是今后一段时期的行动指南。

一、举世瞩目的历史性胜利

党的十八大以来，我们经历了对党和人民事业具有重大现实意义和深远历史意义的三件大事：一是迎来中国共产党成立一百周年，二是中国特色社会主义进入新时代，三是完成脱贫攻坚、全面建成小康社会的历史任务，实现第一个百年奋斗目标。这是中国共产党和中国人民团结奋斗赢得的历史性胜利，是彪炳中华民族发展史册的历史性胜利，也是对世界具有深远影响的历史性胜利。

在新的历史时期，我们依然需要全心全意为人民服务、立足本职岗位建功立业的敬业精神，努力提升教书育人能力；我们依然需要以小我融入伟大建设的大我之中的奉献精神，全身心服务学生、家长和社会；我们依然需要潜心研究敢于突破的创新精神，不断推进教育改革发展。

北京九中始终坚持"全人教育"理念，全面贯彻党的教育方针，培养爱国爱党爱社会主义、理想信念坚定、道德品质高尚的学生，培养科学文化基础扎实、学术造诣深厚、终身学习能力突出的学生，培养体魄强健、阳光健康、心智成熟的学生，培养善于发现美、欣赏美、创造美的学生，培养热爱劳动、勤劳勇敢、善于创新的学生。

二、继往开来的中国式现代化

习近平总书记在党的二十大报告中指出："从现在起，中国共产党的中心任务就是团结带领全国各族人民全面建成社会主义现代化强国、实现第二个百年奋斗目标，以中国式现代化全面推进中华民族伟大复兴。"

我们将不断创造新的历史，不断见证新的历史。我们要以"国之大者"的情怀，努力做塑造学生品行、品格、品味的"大先生"；我们要扎根中国大地办教育，坚持立德树人，培养德智体美劳全面发展的社会主义建设者和接班人；我们要为实现人民对美好生活的向往不懈奋斗，努力实现教育现代化，为中国式现代化添砖加瓦。

北京九中始终弘扬"博学向上、博爱向善、博雅向美"的九中精神，追求高品质的教育，建设政治过硬、品德高尚、业务精湛、育人有方的高水平教师队伍，培养学生的世界胸怀、家国情怀，不断促进教育优质资源辐射共享，不断促进区域教育高质量发展。

三、惠及人类的高质量发展

高质量发展是全面建设社会主义现代化国家的首要任务。党的二十大报告指出："我们要构建高水平社会主义市场经济体制，坚持和完善社会主义基本经济制度，毫不动摇巩固和发展公有制经济，毫不动摇鼓励、支持、引导非公有制经济发展；建设现代化产业体系，坚持把发展经济的着力点放在实体经济上，推进新型工业化；全面推进乡村振兴，加快建设农业强国，扎实推动乡村产业、人才、文化、生态、组织振兴；促进区域协调发展，推动西部大开发形成新格局，推动东北全面振兴取得新突破，促进中部地区加快崛起，鼓励东部地区加快推进现代化；推进高水平对外开放，深度参与全球产业分工和合作，维护多元稳定的国际经济格局和经贸关系。"

江山就是人民，人民就是江山。为民造福是立党为公、执政为民的本质要求，也是高质量发展的根本目的。我们要采取更多惠民生、暖民心举措，着力解决好人民群众急难愁盼问题，健全基本公共服务体系，提高公共服务水平，增强均衡性和可及性，扎实推进共同富裕。

构建人类命运共同体是世界各国人民前途所在。中国有决心也有信心让高质量发展惠及全人类。

高质量发展必须坚持科技是第一生产力、人才是第一资源、创新是第一动力，深入实施科教兴国战略、人才强国战略、创新驱动发展战略，开辟发展新领域新赛道，不断塑造发展新动能新优势。北京九中以教育集团为平台，努力办更公平更高质量的教育，办好老百姓身边的每一所学校，为学生的全面健康成长提供更好、更多的发展通道，不断输出优质生源和优秀干部教师，让更多更好的优质教育资源惠及人民。九中持续肩负着区域教育高质量发展的重大责任，赢得了社会各界的一致赞赏，赢得了周边百姓的良好口碑。

在新的历史时期，在教育改革的大潮中，在"双减"政策的背景下，我们要坚守初心、牢记使命，坚持教育优先发展，加快建设教育强国，坚持为党育人、为国育才。我们要办好人民满意的教育，全面贯彻党的教育方针，落实立德树人根本任务，培养德智体美劳全面发展的社会主义建设者和接班人，加快建设高质量教育体系，发展素质教育，促进教育公平。新的时代，我们将不断增强政治责任感和历史使命感，义无反顾地担当历史使命、担当复兴大任、担当时代责任、担当改革重任，意气风发地开启历史新征程。

追求教育的本真

——《陶行知传》读后感

古往今来，教育都是人们生活的重要组成部分，对教育的关注，似乎是每个家庭的天性。然而，一直以来，到底怎样的教育是好的，怎样的教育是受人欢迎的，怎样的教育是有助于人的发展的，似乎并没有统一的答案。在《陶行知传》这本书里，我们能读到著名教育家陶行知的伟大一生，能体会他的教育思想，也能思考我们自己的教育理想，奠基我们的教育生涯。

陶行知的教育思想归纳来说主要有三点。

一、教育的本质是爱

"捧着一颗心来，不带半根草去。"这既是陶行知的思想信念，也为我们新时代教师指明了方向。雅斯贝尔斯说："教育的本质意味着：一棵树摇动另一棵树，一朵云推动另一朵云，一个灵魂唤醒另一个灵魂。"这种摇动、推动和唤醒的本质，是教师浓浓的爱，是对教育事业的挚爱、对教师职业的热爱、对全体学生的关爱、对教育同人的友爱，教师是"爱"的代言人。

习近平总书记号召我们教师要有"仁爱之心"，老师要用爱培育爱、激发爱、传播爱，通过真情、真心、真诚拉近同学生的距离，滋润学生的心田。好老师应该把自己的温暖和情感倾注到每一个学生身上，用欣赏增强学生的信心，用信任树立学生的自尊，让每一个学生都健康成长，让每一个学生都享受成功的喜悦。因此，要成为一个好老师，就应该有自己的气质和风骨，用自己的人格魅力、高雅志趣、高尚情操去影响学生，用自己的价值观念、敬业精神、处事态度去影响同伴，用社会主义核心价值观、优秀的传统文化、先进的革命文化、深厚的家国情怀去影响社会。

二、教育的核心是人

"生活即教育，社会即学校，教学做合一"，既是陶行知的教育理念，也是新时代推崇的教育变革方向。"四颗糖"的故事人人皆知，它从一个侧面说明了陶先生以学生为本、关注人的健康成长的朴实理念和崇高精神。

在学生的培养目标上，他针对旧教育把培养"人上人"作为目标的现象，指出新教育应培养全面发展的"人中人"。他在创办南京安徽公学时，为这所学校提出三个教育目标：研究学问，要有科学的精神；改造环境，要有审美的意境；处世应变，要有高尚的道德修养。这与我们现今主张的教育要立德树人，培养学生的核心素养基本一致。在推进师范教育中，陶行知特别强调培养学生具有以下五点基本素质：一是健康的体魄，二是农人的身手，三是科学的头脑，四是艺术的兴味，五是改造社会的精神。这五条要素与现在对学生培养的体育、劳育、智育、美育、德育的基本要求非常契合。

三、教育的追求是真

"千教万教教人求真，千学万学学做真人。"这既是陶行知的教育理想，也是新时代教师的共同追求。针对当时教育的浮躁，陶行知说："所要教的只是书，只是考的书。教育等于读书，读书等于赶考。"近一百年过去，当今的社会，教育仍然浮躁，我们过于重视学生的学业成绩，唯"分数"评价学生的成长，扪心自问，我们又何尝不是在帮助学生赶考呢？

让我们静下心来，研究真学问，追求真教育。多一些真知灼见，少一点夸夸其谈；多一些真情实感，少一点冠冕堂皇；多一些真凭实据，少一点人云亦云；多一些真材实料，少一点花样文章。

人民网曾这样评论陶行知：最可贵的是，他不仅在理论上进行探索，又以"甘当骆驼"的精神努力践行平民教育，30 年如一日矢志不移，其精神为人所同钦，世所共仰。

诚如是，对于伟大的教育家陶行知，我们高山仰止，景行行止；对于伟大的教育发展实践，我们使命在肩，未来可期。

参考文献

[1]张东辉，陈立鹏. 北京市新疆、西藏内地高中班办学与管理现状分析：成效、问题与对策［J］. 民族教育研究，2012（6）.

[2]林崇德. 发展心理学［M］. 北京：人民教育出版社，2009.

[3]张大均. 教育心理学［M］. 北京：人民教育出版社，2005.

[4]郭学军. 此心安处是吾乡——"内高生"情感适应的质性研究［J］. 民族教育研究，2019（1）.

[5]李艳红，徐敏. 学习风格偏好影响移动学习态度和行为的实证研究——以"文学批评"课程为例［J］. 电化教育研究，2019（2）.

[6]贺文洁，李琼，李小红. 中学生学习力：结构、类型与影响因素研究［J］. 教育学报，2017（4）.

[7]曹立人，王婷，朱琳. 高中生学习力的影响因素研究［J］. 心理与行为研究，2016（6）.

[8]袁同凯，宵雪灵. 基础教育中少数民族学生的文化适应问题研究——以内地Z中学新疆内高班为例［J］. 民族教育研究，2016（5）.

[9]袁同凯，朱筱煦. 内地新疆高中班学生的文化适应问题辨析［J］. 中南民族大学学报（人文社会科学版），2016（3）.

[10]吴瑞林，钮梅玲，张美萱. 混班教学与单独编班的比较——对三省市少数民族内高班的调查［J］. 民族教育研究，2016（2）.

[11]何伟，孙晓天，苏傲雪，王兢. 关于提升内高班学生理科学业水平的分析与思考——基于对8所开办内高班学校的调查研究［J］. 民族教育研究，2016（1）.

[12] 袁同凯，朱筱煦. 内地新疆高中班研究述评［J］. 民族教育研究，2015（5）.

[13] 石琳，何伟，王兢，严谨，杨佳. 基于高校学业表现的西藏内高班与本地班学生学习状况对比研究［J］. 民族教育研究，2014（5）.

[14] 王忠平. 浅谈内地新疆高中班学生心理健康问题的原因及对策［J］. 上海教育科研，2013（4）.

[15] 吴海英. 内地新疆高中班招生政策分析［J］. 东北师大学报（哲学社会科学版），2013（2）.

[16] 熊少严，张丹. 内地新疆高中班学生学习适应性研究［J］. 上海教育科研，2010（1）.

[17] 沈胜林，陈中文. 教育高质量发展进程中提升中小学办学活力的思考——基于治理的视角［J/OL］. 教育理论与实践，2023（29）:18-22[2023-10-10].http://kns.cnki.net/kcms/detail/14.1027.G4.20230914.1616.008.html.

[18] 洪文秋. 基于国家中小学智慧教育平台的优秀传统文化资源建设与应用研究［J］. 中国电化教育，2023（9）:76-82+100.

[19] 姬国君，宋丽芹. 中小学课堂教学变革的历程、反思与展望［J］. 河南大学学报（社会科学版），2023，63（5）:119-125+155-156.

[20] 张曦琳，唐忠宝. 大中小学思想政治理论课一体化推进的逻辑、框架和路径——基于"教育—政治"联动的共同体视角［J］. 思想教育研究，2023（7）:118-124.

[21] 李军霞. 科学人本主义视角下的中小学心理健康教育［J］. 教育理论与实践，2023，43（20）:29-32.

[22] 柳立言，龙安然，安敏. 国家中小学智慧教育平台赋能"双减"课后服务的创新路径研究［J］. 中国电化教育，2023（7）:78-84.

[23] 秦在东，康锐. 新时代大中小学爱国主义教育一体化的核心要义、价值意蕴与策略进路［J］. 学校党建与思想教育，2023（13）:29-34.

[24] 全面提升中小学生科学素质——教育部等十八部门联合印发《关于加强新时代中小学科学教育工作的意见》［J］. 科普研究，2023，18（3）:2.

[25] 教育部等18部门发文，加强新时代中小学科学教育工作［J］. 中国教育学刊，2023（6）:102.

[26] 许瑞芳，纪晨毓.系统论视域下大中小学思想政治教育一体化探赜 [J].思想理论教育，2023（6）:27-32.

[27] 杨晓梦.新课标视域下中小学科学教育的发展方向与推进路径 [J]. 中小学管理，2023（6）:30-33.

[28] 李娟，杨晶晶，赖明勇.教师激励、基础教育发展与人力资本积累——基于中小学教师职称制度改革的实证研究 [J].经济学（季刊），2023，23（3）:1185-1201.

[29] 梁兰兰.美育在中小学教育教学中的实施——评《中小学生美育教育知识》[J].教育理论与实践，2023，43（11）:2.

[30] 朱学民.多元文化视域下中小学美育与音乐教育共生发展研究 [J]. 教育科学研究，2023（2）:41-46.

[31] 张琳.新课程改革背景下我国中小学法制教育的走向与策略 [J].中国教育学刊，2023（S1）:9-11.

[32] 余文森.核心素养导向的课堂教学 [J].教学月刊：中学版（政治教学），2018（6）:2.